イライラを
爆発させない!

パパ・ママが楽になる

子どもの叱り方

子育てにいかすアンガーマネジメント

野村恵里 著

中央法規

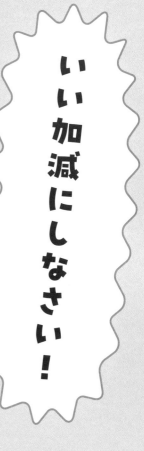

こんな場面で
イラッとしませんか？

いい加減にしなさい！

そんな自分を直したいパパ（ママ）は、36頁にGO!

そんな自分を直したいママ（パパ）は、**44頁にGO!**

こんな場面で
イラッとしませんか？

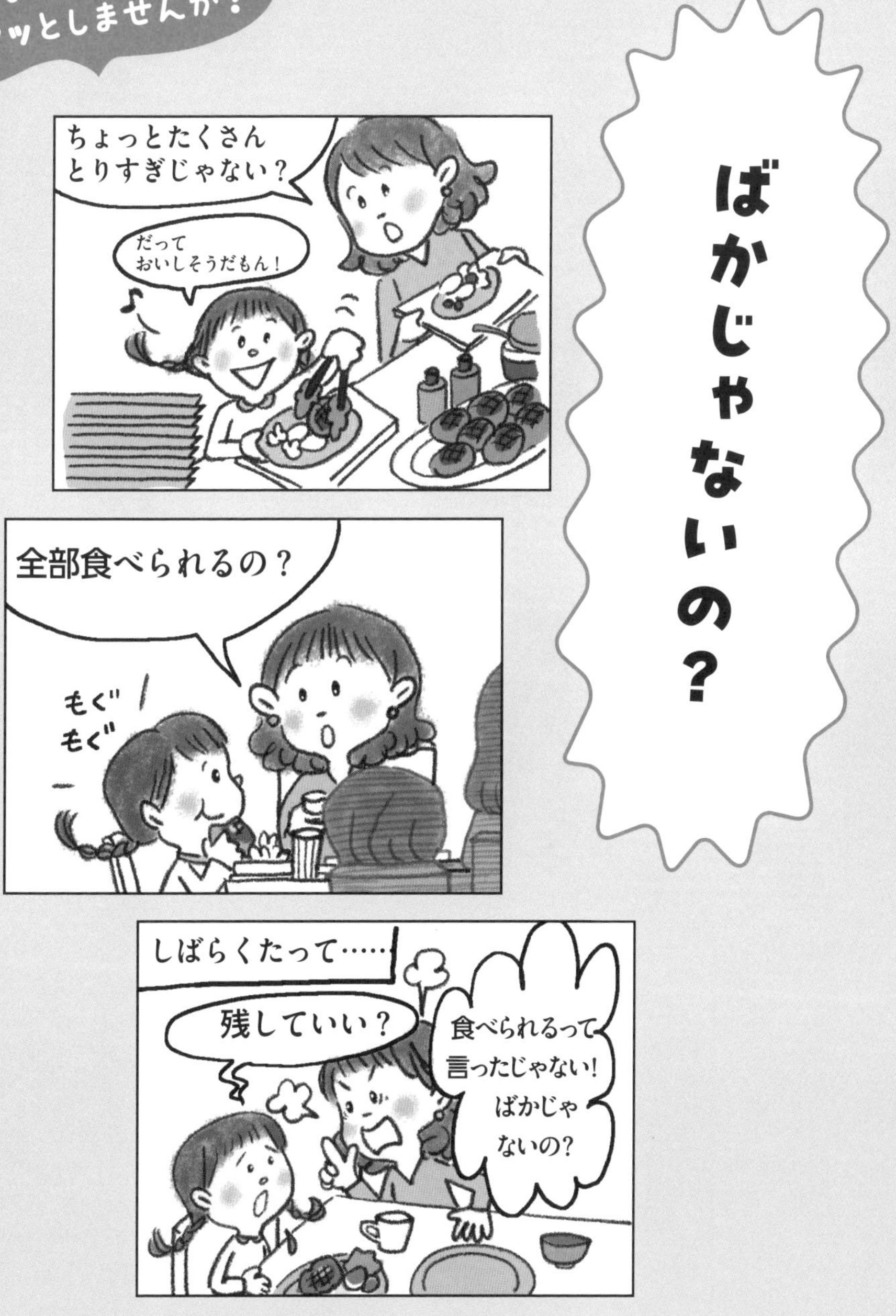

そんな自分を直したいママ（パパ）は、64頁にGO!

何回言ったらわかるの？

そんな自分を直したいパパ（ママ）は、76頁にGO！

こんな場面で
イラッとしませんか？

しっかりしなさい！

そんな自分を直したいママ（パパ）は、84頁にGO！

もう知らない！

何してるの？
……
Aちゃんとあやとりしてるの
なんでBちゃんを仲間はずれにするの？
……
そんな意地悪な子、もう知らない！
ぷいっ
……

そんな自分を直したいママ（パパ）は、88頁にGO!

こんな場面で
イラッとしませんか？

ちゃんと言わないとわからないよ

そんな自分を直したいパパ（ママ）は、96頁にGO!

先生に言うよ！

そんな自分を直したいママ（パパ）は、100頁にGO！

はじめに

このたびは、この本を手に取ってくださりありがとうございます。きっと、あなたがこの本を読んでみようと思われたのは、今、子育てに悩んでいたり、今よりちょっと楽になれたらいいと思ったりしているからなのかな……と思います。

でも、忙しい毎日の中で子育てをがんばっていると「本を買ったけど読む時間がない！」なんてこともありますよね。だからこの本は、気になったページから読んでください。読めるところから読んで大丈夫です。

子どもを怒るときの自分の癖ってありませんか？　この本の第2章の目次を見て、似たようなフレーズがあれば、まずはそこから読んでみてください。ほかにも、自分が怒りっぽくなる場面や時間帯のエピソードをとりあげているページからでもいいです。子育ては、理論より実践です（笑）。声かけの仕方や言葉を選ぶだけでも、怒り方の印象が変わります。もちろん、アンガーマネジメント的な視点から紹介しているので、理論に関しては第1章を読んでもらえるとわかります！（笑）

私は現在、保育や子育て専門の研修講師として、子どもにかかわる多くの方々にアンガーマネジメントをお伝えしています。私自身、自分の感情のコントロールがしたいと思い学んだアンガーマネジメントです。私と同じようにイライラしたり腹を立てたりしながら、それでも毎日がんばっている方に、〝自分も子どもも楽になる方法〟があることを知ってもらいたいと思っています。

今日から、あなたが笑顔で過ごせる時間を増やすお手伝いができれば嬉しいです。超短気人間の私がイライラしなくなったので、やる気にさえなれば、あなたも必ずできるはずですよ(笑)。

野村恵里

もくじ

第1章

イライラを爆発させないための基礎知識

1 がんばっている人は怒りっぽい？

がんばる自分を受け入れよう

子育てをしていて「つらいなぁ」「しんどいなぁ」と感じたことはありませんか？　私は、SNSで楽しそうに子育てをしている人の投稿を見ると、うらやましかったり、ねたましかったりすることもあって、そんなふうに思ってしまう自分が嫌だなと思うこともありました。でも、それを周りの人に悟られるのも嫌で、疲れていてもしんどくても、一生懸命子育てをがんばっていました。

私はもともと子どもが好きで保育の道を選んだので、自分に子どもができたらきっと毎日幸せいっぱいなんだろうな～と思っていました。でも、現実は全然違っていて……。わが子のことがかわいくて大好きなのに、どうしてもイライラしてしまうんです。園の子どもが同じことをしていたら、「一人ひとりに発達の違いがあるのは当たり前」と見守ってあげることができるのに、自分の子どもだと「何でできないの？」「ちゃんとして」と言ってしまうんです。私の場合、特に1人目の息子に対して「ちゃんと子育てしなきゃ」と意気込んでいました。

初産から19年経ちましたが、当時を振り返ると「ホンマにようがんばっとった！」と思います。そして、私のイライラ子育ての毎日を耐え抜いた長男も「ようがんばっとった！」と思います。

私は現在、保育・子育て専門講師として、子育て講演会などでアンガーマネジメントをお伝えしています。講演会には、当時の私と同じような悩みやイライラ感情を抱えている保護者がたくさん来てくださいます。その人たちの見た目は穏やかそうだったり、やさしそうだったり、ほがらかに見えたりするのに、わが子にはつい怒ってしまうそうです。でもね、怒っちゃうのはがんばっている証拠です。がんばっているから腹が立つんです。

保育施設の保護者、小学校や中学校の保護者など、どの職業・年代でも講演会に参加しようと思っている人は、現状を変えたいと願い、がんばろうとしている人たちの集まりなんです。がんばる気のない人は、腹なんか立ちません。だから、怒りっぽい自分を完全に否定することなんてないんです。この本を読みながら、いったん今の自分を認めてねぎらい、「がんばっているんだな、自分」と受け入れてあげることから始めてほしいと思います。

感情が生まれる3ステップ

では、がんばっている人はなぜ怒りっぽくなってしまうのでしょうか。まず、そのことを知っておかなければ、イライラをコントロールできるようにはなりません。第2章で具体的な言葉かけについて紹介していますので、すぐに実践したい場合はそこから読んでください。第1章ではアンガーマネジメントの理論を通して、言葉かけを変えることの意味をお伝えします。

これからコントロールしようとするイライラや怒りの感情は、空から突然降ってくるものではありません（笑）。それは、自分の中で生み出される感情です。感情が生み出される工程には、3つの段階があります。1つ目が「出来事を見る」、2つ目が「出来事を意味づける」、3つ目が「行動する」です。

具体的には、「朝、起きない」「一人で着替えない」「おかずをこぼす」などの出来事を見ることが第一段階です。第二段階は、「さっと起きてほしいのに起きない子どもはダメ」「一人で着かえてほしいのにできない子はダメ」「きれいに食べてほしいのにこぼす子はダメ」と思ったり考えたりすることです。これが出来事に対する意味づけです。「ダメ」と意味づけすると自然にイライラしたり、腹が立ったりしてしまいます。ネガティブな意味づけによってイライラ感情が生まれるので、第三段階の行動で言葉づかいが乱暴になったり、かかわり方が雑になったりするのです。つまり、ここで大切なのが「目の前の出来事をどんなふうに意味づけるかで、生まれる感情は変わるってことか！」と知っておくことです。

「出来事の意味づけ」が変わると「行動」は変わるということです。がんばっている人は、自分にも他人にもＯＫが出せなくてしんどさを感じやすいのかな、と思います。「起きられない日もある」「甘えたい日もある」「失敗する日もある」と意味づけてみませんか？　もしかしたらほんの少し、イライラを手放すことができるかもしれませんよ。■

2 イライラするのはどうして？

自分のネガティブな気持ちに気づく

機嫌が良いときには許せることも、機嫌が悪いとすごく腹が立ってしまうなど、機嫌の悪いときって怒りっぽくなったりしませんか？　では、機嫌が悪くなるのはどんなときでしょう？例えば、するべきことが多くて忙しかったり、時間に余裕がなくてあせっていたり、相談する相手がいなくてつらかったりなど、ネガティブな感情を抱えているときに機嫌が悪くなりがちです。

もし、あなたの心にたくさんのネガティブな感情がたまっているなら、イライラするのは自然なことです。イライラしないためには、ご機嫌な自分でいることがすごく大切です。そのためにしてほしいことは、自分のネガティブな気持ちに気づいてあげること。「あ〜、私、忙しすぎてイライラしてるんだ」「時間に余裕がなくて、あせってるんだよな」「こんなに悩んでいるのに、誰にも相談できない。つらい気持ちを抱えきれないからイライラしてしまうんだよ」とひとり言を言ってみてください。実際に言葉に出して言ってみる、これ大事です！　そして、自分の気持ちに気づいてあげられたら、次にするのは、その気持ちをデトックスするための方法を探すことです。

「それができたら苦労しない！」と言われそうですが、でもね、それをしないといつまでたっても楽になれないと思うのです。いきなりすべてを解消できるわけではないので、できるところから少しずつで大丈夫です。例えば、毎日20個していたことを18個に減らしてみるとかね。「絶対にこうでなければならない」と決めつけず、「まあ、これは毎日でなくてもいいか」と思えるものを2〜3個やらないでも大丈夫な生活をしてみるのです。これは、ブレイクパターンというトレーニングです。いつもの悪循環を壊して、よい行動を起こすきっかけづくりをする方法です。やらなければならないことを減らせば、気持ちにも時間にも余裕ができます。ほんの少しの努力は必要ですが、行動パターンを変えるだけでネガティブな感情をデトックスできるのなら、やってみる価値があると思いませんか？

また「誰にも相談できない」という悩みですが、「もしかしたら、自分が〝できない〟と決めつけているかもしれない」という見方をしてみませんか？ 出来事の意味づけを意識的に変えていくのです。「友だちに話したら、気持ちが軽くなるかも」「先輩に話したら、よい解決案を知っているかも」「調べてみたら、行政のサポートが使えるかも」と、今の状況を変えられるかもしれないさまざまな可能性を見つけられるはずです。

新しいことを始めるにはストレスがかかります。でも、超短気人間だった私でさえも、少しの努力でそのストレスを上回るくらいのご機嫌な自分時間を増やすことができたので、もし、あなたが「今の自分を変えたい」と思っているなら、試してほしいと思っています。

「べき」を手放してみよう

それからもう一つ、大事なことをお話しします。それは、ネガティブな感情を生み出すきっかけになる「べき」についてです。

「べき」は、「〜してほしい」「〜だったらいいのに」などその人の欲求や願望、理想を総称する言葉です。人の価値観の辞書のようなものだと思ってください。「起こされたら起きるべき」「一人で着替えるべき」「こぼさず食べるべき」と思っているなら、起きない子ども、一人で着替えない子ども、こぼしながら食べる子どもにイラっとするはずです。イライラしがちな人は、子育てにたくさんの「べき」があるのかもしれません。

以前の私もそうでした。「発達に沿った成長をするべき」と強く思っていたので、そのために「昼寝は一定時間するべき」「箸は正しく持つべき」「排便後は一人で始末をするべき」など、自分の理想の子ども像にわが子を近づけるために、自分の「べき」を押し付けて怒っていたのだと思います。誤解のないようにお伝えしておきますが、「べき」は誰にでもあるもので、本人にとってはすべて正解です。でも、「べき」が多すぎたり、「べき」にこだわりすぎたりして怒りが大きくなるのなら、手放したり緩めたりすることで楽になることもあるんですよ。■

3 アンガーマネジメントとは？

アンガーマネジメントは自分を楽にする

怒ると疲れませんか？　せっかく遊びに出かけたのに、子どもを怒ってばかりで疲れ切ってしまった経験がある人もいるのではないでしょうか。怒るって、自分のエネルギーを大量に消費するんです。だから疲れます。疲れるとイライラする。イライラするから怒りっぽくなってしまう。こんなはずじゃないのにと落ち込んだり、イヤになったりする……。これでは、いつまでたっても楽にはなれません。

アンガーマネジメントには、自分を楽にしてあげるためのノウハウがたくさんあります。本書ではその中から、子育てに使えるテクニックやトレーニングを紹介していきます。このアンガーマネジメントは、子育てだけでなくさまざまなところで活用されています。私が講師としてお伝えしているのは保育・子育て現場ですが、そのほかにも介護、看護など福祉・医療現場、教育現場、企業、政界、スポーツ界などでアンガーマネジメントの研修会やコンサルティングが行われています。ということは、子育て中の保護者だけでなく、世の中の人がみんな、何かしらの形でイライラの感情に悩まされているといえるのです。イライラしているのが自分だけじゃないって思うと、少し気持ちが楽になりませんか（笑）。

今では、アンガーマネジメントを知っている、聞いたことがある人はずいぶん増えてきましたが、私が講師活動を始めたばかりの頃は、社会的にほとんど認知されていませんでした。それが、この10年間ほどで研修依頼が飛躍的に増えてきたことを考えれば、それだけ多くの人にアンガーマネジメントが必要とされていることがわかります。

人を傷つけない・自分を傷つけない・物を壊さない

アンガーマネジメントは、1970年代にアメリカで生まれた心理トレーニングです。私がアンガーマネジメントに魅かれた一番の理由は、怒りっぽい自分が否定されているわけじゃないと感じたからです。同時に、「怒りっぽい自分を変えたいな」とも思ったんです。アンガーマネジメントは、後悔しない怒り方ができれば怒ってもいいという考え方です。当時の私は、怒って後悔すること、そして怒りたいのに怒れずに後悔することが結構ありまして……。子どもに対しては怒りすぎて後悔していたし、旦那さんに対しては言いたいことが言えない自分に不満を抱いたりしていました。でも、アンガーマネジメントを学んだことで、必要以上にイライラすることがなくなったり、怒るときに感情的にどなってしまうことが減ってきたり、我慢しすぎてつらくなったりすることが減りました。

怒りの表現方法って人によって違いますよね。いかにも「怒ってるんだぞ!」と声を荒げたり、乱暴になったりする人もいれば、自分の内側に怒りを閉じ込めてワナワナと怒っていたりする人もいます。どなってしまえば相手を傷つけてしまうし、怒りを心に押し込めてしまうと自分が傷ついてしまいます。物にあたってしまうと壊れてしまう可能性もあります。アンガーマネジメントには「人を傷つけない・自分を傷つけない・物を壊さない」という3つのルールがあります。このルールを意識しながら怒ることができれば、かなり上手に怒れるようになるはずです。

私がアンガーマネジメントを伝えたいのは、保育現場の先生、子育て中の保護者など、子どもにかかわる人たちです。その大きな理由は、「子どもは身近な大人の感情表現の方法を真似する」ことが多いからです。いつも子どものそばにいる大人が、3つのルールを守りながら怒りと上手に付き合っている姿を見せてあげることが、子どもの一番の学びになります。保護者も子どもも、怒りの感情と上手に付き合える環境は、ストレスフリーです（笑）。そんな生活ができれば楽になると思いませんか？

とはいえ、正直、この3つのルールを守るのって意外に難しかったりするのです。だから、「すぐにできる！」と思ってしまうと長く続けていくことはできません。できなくても大丈夫！　うまくいく日もあればいかない日もある！　上手に怒れた日は花丸！　どなってしまったら、「ごめんね、怒りすぎちゃった」って言いながら続けていきましょう。これが、私が10年以上続けてこられた秘訣です（笑）。

4 イラッとしたときにすることは？

風船を膨らませよう

ここからは具体的な方法についてお話ししていきます。アンガーマネジメントで一番大切なのは、衝動のコントロールです！　私みたいに怒りっぽい人にとっては難しいかもしれないけど、一番大事！　イラッとしたその瞬間、衝動的に怒っちゃうとダメなの……。これをやった時点で、上手に怒れていないから。わかってる、わかってるけど、ついやっちゃうんですよね。自分の中にある怒りを勢いよく吐き出すことでスッキリする感覚、私にもわかります。ところが、怒りを子どもにぶつけた後は、めちゃくちゃ後悔してしまって、でも認めたくなくて、正当化したくて理屈をこねて、また子どもを怒ってしまったり……。悪循環から脱出できない状態です。ここから脱出するには、衝動のコントロールしかないんです。

一度試してもらいたいのですが、風船（膨らませやすいやわらかいタイプのものがおすすめ）に、思いっきり「ぷーっ」と息を吹き込んでみてください。空気入れを使わず、自分の息を吹き込みます。しっかり膨らませたら、結ばずに、入れた空気を一気に放出してみてください。風船のガス抜きです。その様子を見ているとかなりスッキリすると思います。イライラしているときなど、風船のガス抜きのイメージで自分の身体に息をたっぷり吸いこんで、吐き出してみましょう。このとき暴言を吐き出すのではなく、無言で息だけ吐き出します。落ち着けるまで、何度でもやってみるのです。身体の中のイライラを空気と一緒に吐き出す感覚です。

6秒くらい続けると、そろそろ落ち着いてくるはずです。

怒りを感じる場面を見てから、そのイライラがピークに達するまでの時間は6秒程度といわれています。だから、6秒間だけ衝動性をコントロールできれば、最初のアンガーマネジメントはクリアできます。「あ〜、なんかイライラする」と少しでも感じていたら、すぐやってほしい。すぐにガス抜き、ね。これは、アンガーマネジメントの呼吸リラクゼーションというテクニックです。

さまざまなアンガーマネジメントのテクニック

アンガーマネジメントには、衝動をコントロールするたくさんのテクニックがあります。第2章では、それらのテクニックを使って自分を落ち着かせて言葉かけを変えていく方法をお伝えしています。ここでは、それらのテクニックについて紹介します。

まず、グラウンディングです。グラウンディングのテクニックを使えば、今、この時間、この場所、目の前のものに意識を集中させることで、イライラした気持ちに振り回されずにすんだり、怒りを大きくせずにすんだりします。

タイムアウトは、怒りがヒートアップしてしまう前にその場を離れて気持ちをリセットするテクニックです。怒りモードに入った自分に気づいたら「タイム！　ちょっとトイレに行ってくる！　5分たったら戻ってくるから」など、行く場所と戻る時間を伝えて離れる方法です。タイムアウトでは、自分の気持ちを切り替えられることをするのがポイント。どなったり暴れたりして余計な怒りを引き寄せないように注意してください。

コーピングマントラは、自分の気持ちを落ち着かせる呪文を唱えるテクニックです。「大丈夫、大丈夫」「一休み、一休み」など、なんでもOK。イラッとしたとき、ふっと力が抜けて怒りが手放せるような魔法の呪文を考えてみてくださいね。

スケールテクニックは、怒りを数値化するテクニックです。怒りは、「怒っている」「怒っていない」の二択ではありません。日常のイラッとする出来事に1~10の数字を使ってレベルをつけることで、怒ることと怒るほどではないことを見える化することができます。何でもかんでも怒っていると疲れます。イラッとするレベルの低い出来事に怒らないようにすれば、日常的なイライラを手放すことができるようになりますよ。

最後にストップシンキングです。ストップシンキングは、イライラした状態の心と頭を一旦停止させるテクニックです。「ストップ!」と心の中で唱え、一瞬、心と頭を真っ白にします。何も考えない状態を作り、一旦停止を解除した後は、怒りから解放されたイメージをしてみてくださいね。

5 上手に怒る方法は？

大人だって泣いていい！

　子どもが泣いたり怒ったりしていると、自分まで泣きたくなることってありませんか？　大きなエネルギーをもつ感情は、周りにいる人の感情も揺さぶってしまいます。でも、その感情を抱えっぱなしにしていると、いいことにはつながりません。親子で沼落ち（泣）……。お互いの怒りに引きずられ、抜け出せなくなってしまうかもしれません。

　上手に怒るためには、まず自分の気持ちに素直になることも大切だと思うんです。大人も泣いたっていいんです。我慢して抑え込んでしまうと、怒りは余計に大きくなってしまいます。「忙しいよ～、大変だよ～、しんどいよ～、つらいよ～」と、声に出して泣いてもいいんです。一人で泣いてもいいし、誰かに話しながら泣いてもいいです。実は私も、子育て真っ最中、必死でがんばっていたときに「母ちゃんだって、泣きたいわ～」と、涙ながらに子どもに伝えたことがあります。そのとき子どもたちは、ビックリした様子で「大丈夫？」と二人して頭をなでてくれました。子どもたちにすごく腹が立っていたし、泣きたいくらいつらかったのに、一生懸命私の頭をなでる二人の心配そうな顔に、ものすごく救われたのを覚えています。

　子どもはママやパパが大好きです。自分のことを大事にしてくれる大人がいつもそばにいてくれるから、安心して自分らしく生きていくことができます。子どもがのびのび、生き生きと毎日の生活を送っていくためにも、まずは大人が心のバランスを整えておくことが大切です。

皆さんは、何かデトックスする方法はありますか？　5分間でできること、30分間でできそうなこと、半日、1日など、使える時間にあわせてメニューを考えておくのがおすすめです。コーヒーを飲む、散歩する、ママ（パパ）友とランチに行く、ドライブをするなど、何でもいいです。ちなみに私は今、健康のためにジャザサイズで運動を楽しんでいるのですが、そこは託児サービスもあるので、子育て中のママさんも託児を利用しながら1時間のジャザサイズを楽しんで気持ちをリセットしています。「子育て中だから、自分の時間なんてとれない」というのは、もしかしたら思い込みかもしれません。探してみれば、育児をサポートするさまざまなサービスを提供しているところがあるかもしれないし、家族に対しても頼み方次第で協力してもらえることが増えるかもしれません。子どものためにも自分のためにも、まず、子育てをがんばっている自分の心のバランスをとる方法を見つけてみてください。

未来志向、解決志向で怒る

子どもを上手に怒るには、ほんの少し気持ちに余裕を作ること、そして、衝動のコントロールをすること。これができれば、60％くらいはクリアです。あとは怒るか怒らないかを決めて、怒るならどうやって怒ればいいかを考え、怒らないなら「もう怒らない」と決めてしまいます。上手に怒るイメージとしては、親も子どももある程度納得できて、子どもの行動が実際に改善すれば万々歳な感じです。

アンガーマネジメントでは、未来志向、解決志向で怒るようにします。過去に対して「どうしてあんなことしたの！」と、原因を責めるのではなく、起こってしまったことを事実として受け止め、「次に同じことが起こらないようにするにはどうしたらいいか」を子どもと一緒に考える方法です。４歳頃からなら、「どうしたらいいと思う？」「どんな方法がある？」「何だったらできそうかな？」と子どもに聞きながら、親子で話し合って解決方法を探すことができるでしょう。もう少し小さい子どもの場合には、「〇〇をしてみるのはどうかな？」「ママ（パパ）は、〇〇がいいと思うんだけど、できそうかな？」「一緒に〇〇してみようか？」など、提案するイメージのリクエストスタイルもおすすめです。

でも、未来志向、解決志向、リクエストスタイルなどを駆使して上手に怒ったつもりでも、うまくいかないこともあります。そのときにちょっと立ち止まって考えてほしいのが、「これって本当に事実なの？」ってことです。「妹が泣いている」場面を見たとき、「また、お兄ちゃんが泣かしてる」ととっさに思うことはありませんか？「お茶をこぼした」場面を見たとき、「また、遊び食べをして！」と思ったことはありませんか？それを確認するまでは、自分が思ったことが事実かどうかはわかりません。もしかしたら、妹はつまずいて転んだだけかもしれないし、お茶を飲もうとして手が滑ったのかもしれません。確認せずに「また！」と決めつけられたことに、いくら解決志向、リクエストスタイルで怒られても……ね。上手に怒るための大前提は、「事実に対して怒る！」です。確認は、上手に怒るために結構大事なポイントです。具体的な声かけは第２章でみていきましょう。■

第2章

「やる気」をスイッチオンする声かけ

※1 あなたが泣かせたんでしょ！

こんな声かけしていませんか？

事実を確認せずに怒ってる？

夕食の準備で忙しいときに、子どもの泣き声が聞こえてくるとイラッとすることがあるかもしれません。保護者としては、兄弟姉妹が仲良く遊びながら待ってくれることが何よりありがたいことです。

しかし現実は、そんなにうまくいくことばかりではないですよね。保護者が忙しくしているときをねらったように、子どもはけんかを始めるものです。でも、忙しくしているときは子どもにかまってあげられる時間がとれないわけですから、けんかが始まる瞬間を確認することができない場合も多いのではないでしょうか。

ところが、妹や弟の泣き声が聞こえてくると、とっさに「もう！」「また！」とイラッとして、上の子に対して「あなたが泣かせたんでしょ！」など決めつけた言葉を投げかけてしまうことがあります。実際に泣かせた現場を確認していないのに、反射的に言ってしまった経験のある人も多いのではないでしょうか。

でも、これをしてしまうと、兄や姉の不満が爆発してしまいます。妹や弟の泣き声に加えて、上の子の怒りが炎上し、余計面倒なことになる…なんてことも。

ここで大事なのは、決めつけの言葉を使わず、事実を確認するための言葉を使うことです。「何があったのか教えてくれる？」と聞いてみましょう。アンガーマネジメントの「事実と決めつけを切り分けて考える」テクニックを使い、無駄に怒ることを減らしていきましょう。保護者には見えていなかった事実が隠れているかもしれません。

子どもの話を聞く姿勢をもとう

頭ごなしに怒るのではなく、保護者が話を聞こうとする姿勢を示すことで、子どもは少し安心できます。「今まで頭ごなしに怒っていた」という場合には、すぐに素直に話してくれるとは限りません。でも、繰り返し「怒っているわけではなく、何があったのか教えてほしい」ということを伝え続けてみてください。「話してくれなければわからないよ。ママ（パパ）から見たら、お姉ちゃんが泣かせたように見えるからね。でも、言いたいことがあったり、そうじゃないって思うことがあるなら話してほしいよ」と、教えてほしい理由を説明してあげるのもよいかもしれません。

大人は上の子どもに対して「お兄ちゃんだから、お姉ちゃんだから」と、無意識にがんばらせすぎていることがあります。もしかしたら、甘えたいのに甘えられないとがまんしていることもあるかもしれません。そんな兄姉の健気な気持ちも尊重してほしいと思います。

忙しい時間帯に「話を聴く」ことは面倒かもしれません。でも、声のかけ方をちょっと変えて、ほんの少し話を聴くだけですんなり解決することもあるかもしれません。イライラし続ける必要もないかもしれません。泣いている弟や妹の頭をなでるのと同じように、兄や姉の頭もそっとなでながら話を聴いてみてください。■

GOODな声かけ

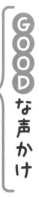

2 いい加減にしなさい！

こんな声かけしていませんか？

「買って買って攻撃」への対応に正解はなし

スーパーでのあるある事例「子どもの買って買って攻撃」は、本当に困りますよね。人目も気になるし、面倒だから買ってしまうという人もいれば、やっぱりがまんさせたほうがいいと思う人もいるでしょう。この攻撃に対する対応として、どちらが正解ということはありません。人それぞれ考え方が違うので、どちらを選んでもかまわないのです。ただ、注意してほしいのは、「そのときの機嫌でその都度対応を変えてはいけない」ということです。ですから、考えられる次の2つの対応について、どちらか決めてしまいましょう。

①「今日は買わないよ」と事前に伝えていても「買って」と言われたら買う。

②「今日は買わないよ」と事前に伝えている日は絶対に買わない。

決めてしまえば、毎回同じ対応ができるようになりますね。①を選ぶのであれば、「いい加減にしなさい！」と、イラッとする必要はありません。「いいよ」と言って買ってあげれば済むことです。

もし②を選ぶのであれば、どんなに機嫌が良くても「買わない」です。買わないけど、子どもが「買ってほしい」と思っている気持ちはいったん受け止めてあげましょう。「〇〇ちゃんは、すごく買ってほしいと思っているんだねぇ」「そのお菓子、大好きだもんねぇ」と否定せず言葉にする感じです。

子どもとの根競べ。声を荒げないことがポイント

でも、「買わない」と決めているのだから、どんなに泣いても買わないことを子どもに伝えなければなりません。「今日は、買わないお約束をしてきたから、がまんしようね。がまんできたら、ママ（パパ）、すごいと思うよ！」など、励ましと称賛の言葉を使ってみるのもおすすめです。ここは、子どもとの根競べ。

ポイントは、恥ずかしくても、面倒でも、イライラしても、声を荒げないってこと。家の外で子どもと根競べをする場合、どうしても周りの目が気になって早く切り上げてしまいたい願望が生まれます。そこで使ってほしいのが、アンガーマネジメントのグラウンディングのテクニックです。このテクニックは、目の前のことに注目することで、意識を「今、ここ」に集中する方法です。子どもと向き合うことに集中し、淡々と同じことを繰り返せばいいのです。「怒っているわけじゃないんだよ。お約束を守ってほしいから、買わないって言っているんだよ」という具合です。最初のうちは、子どものぐずりが長く続くかもしれませんが、何度ぐずっても親の態度が毎回変わらないと理解すれば、子どもは無駄にぐずることはなくなるでしょう。

注意してほしいのは、事前の約束の仕方です。保護者が一方的に約束をしたと思い込んでいる場合は、子どもに「約束なんてしてない！」と言われてしまいます。ですから、約束を守らせたいのであれば、「買わない約束を子どもが納得しているか」を確認することが前提にあることを覚えておきましょう。そして、何回かに1回はご褒美として買ってあげるのも、子ども

の励みになりますね。買い物のたびに「いい加減にしなさい！」と怒るより、数回根競べをして、その後ずっと楽になるなら試してみる価値はあると思います。これは私の経験による話なので、うまくいく確率も高いはずです（笑）。■

GOODな声かけ

3 ダメなものはダメ!

こんな声かけしていませんか?

危ない!!
ドキッ
うわ〜ん
通ったら
ダメって
言ったでしょ!
ダメなものはダメ!
こわい…

子どもが危険な場面での保護者の感情

公園やテーマパークに遊びに行って子どもが楽しそうにしていると、日々の子育てからちょっと解放された気分になったりするものです。子どもの様子を遠目に見ながら、ママ（パパ）友とおしゃべりをするのも楽しみの一つですね。ところが、せっかくのリラックスタイムを子どもの危険な行動に邪魔されてしまうことも、子育て中にはよくあることです。

ブランコの前を通るなど、子どもの危険な行動を目にした瞬間、とっさに大声で危険を知らせるのは自然な行動です。「痛い思いをしないように」「怖い思いをしないように」子どもを守りたい一心で、大声で叫ぶのではないでしょうか。そして、子どもの安全が確認できたらホッと胸をなで下ろし、「よかった…」と安心します。

一方で「ブランコの前は通っちゃダメって伝えてたのに！」と、今度は怒りの感情が湧き上がり始めます。

私たちは心配や不安、恐怖などのマイナスな感情をうまく伝えられないときに、「怒る」という行動で表現してしまうことがあります。これが怒りのメカニズムです。今回、子どもが危険な行動をしたことで、一気にマイナスな感情が心に溢れてしまいました。子どもの安全を確認できた安心よりも、一気に注がれたマイナスな感情のほうが大きすぎて、怒りが爆発してしまったのかもしれません。

ダメな理由と保護者の気持ちをセットで伝えよう

　ここで一番大事にしたいのは「ママ（パパ）は、あなたが大事だから絶対に守りたいと思った」ことです。

　危険な行動をやめさせるために、大声で制止を促す言葉を叫ぶことは必要です。危険な行動に対しては「絶対にダメ」と伝えることも必要です。アンガーマネジメントのストレスログで仕分けるイメージです。「ブランコの前を横切るべきではない」は、ママ（パパ）にとって重要だし、危険のないように子どもの行動を変えたいと思う出来事です。となると、「ダメなものはダメ」では、なぜダメなのか子どもに伝わりません。特に幼い子どもの場合、「危ないからダメ」「ケガをするからダメ」という理由だけでなく、「ママ（パパ）が悲しいから」「ママ（パパ）は心配だったから」というママ（パパ）の気持ちを付け加えてあげるといいですよ。大好きな人が自分を大切にしてくれていると感じられる言葉をかけてもらえる子どもには、自分のことを大切にできる自尊心が育まれます。

　最後に、「大きな声を出してビックリさせてしまったかもしれないけど、怒っているわけではないからね。でも、次からは絶対にブランコの前を通らないって約束してほしいの。できるかな？」と真剣に、でも穏やかな口調で伝えると、子どもの心に響きやすいです。そして、次回同じ場所に連れて行くときには、「この前、公園でしたお約束を覚えているかな？」と自宅を出る前に再確認して「ママ（パパ）はあなたがケガをすると悲しいから、絶対に守ってね」と念押しすることで、子どもも意識できるようになるはずです。「ダメ」を伝えるときには、

GOODな声かけ

その理由とママ（パパ）の気持ちをセットにして伝えるようにしましょう。■

※4 うるさい！　しつこい！

こんな声かけしていませんか？

子どもと自分の気持ちの落としどころは?

毎日子育てをがんばっていると、たまの休みくらいゆっくりしたいものですね。でも、子どもはおかまいなしに「一緒に遊ぼう!」と誘ってきます。そんな子どもに対して「今日のママ(パパ)は疲れているからそっとしておいてあげよう」などの気遣いを期待しても、叶うはずはありません。せめてもの時間稼ぎに、子どもの「一緒に遊ぼう攻撃」に「ちょっと待って」「今は無理」とその場しのぎの返事をしても効果なしって経験はありませんか?

そのやりとりも面倒になり「うるさい! しつこい!」と一喝して子どもを黙らせようとしたけれど、結局、泣き出した子どもの対応に余計時間をとられてしまう、なんてこともあるかもしれません。

子どもの遊びたい気持ちとママ(パパ)の遊びたくない気持ちは正反対なので、どちらかが譲歩しなければ決着はつきません。少しでも早く決着をつけてママ(パパ)の時間を確保したいのなら、自分から譲歩するしかないのです。でも、完全降伏する必要はないですよ。譲歩しつつ、自分の要求も伝えるのです。

身体に酸素を送り込もう

ここで大切にしたいのは、交渉です。反射的に大きな怒りのエネルギーで子どもを制圧しようとすれば、反発されてしまいます。ですから、腕利きの交渉人になったつもりで演じてみましょう。「ママ(パパ)は~してあげるから、あなたは~してくれるかな?」と交換条件を出しながら、交渉してみるのです。そのために必要なのは、冷静な判断力です。イライラしながら考えても、よい案は浮かびません。子どもが「いいよ」と思える案を考えたいじゃありませんか！（笑）

そこで呼吸リラクゼーションのテクニックを使って、身体の中に酸素を送り込んであげましょう。イラッとして力が入っていた脳と身体に酸素が流れ込んで落ち着く感覚があるはずです。衝動のコントロールができれば、思考が働きやすくなります。その状態で交渉に臨めば、うまくいく確率は上がるはずですよ。

交渉しても、子どもが「いいよ」と言わない場合もあるでしょう。そのときは、子どもの要求も受け入れつつ再交渉してください。イラッとするたびに深呼吸して、必ず落としどころを見つけられるはずと信じてチャレンジしてみてください。

それからもう一つ、大切なことをお伝えします。それは、「ちょっと待って」という表現の注意点です。「ちょっと」「ちゃんと」「しっかり」「もう少し」というあいまいな表現は子どもに伝わりにくいため、避けたほうがよいでしょう。大人の感覚と子どもの感覚は違います。「ちょっと具合」「ちゃんと具合」「しっかり具合」「もう少し具合」を、具体的に言葉や視覚的なもので示してあげるとわかりやすくなりますよ。■

GOODな声かけ

ママ～、一緒に遊ぼう！

ん？

ママと一緒に遊びたいのか～。何をして遊びたいの？

塗り絵がしたい！

わかった。でもママはのんびりしたいと思ってるの。だから1個だけ一緒に塗り絵したら今日は休憩してもいいかな？

1個じゃなくて、2個がいい！

わ――い
わかった。じゃ、2個だけね。お願いね

5 ごめんなさい、は？

こんな声かけしていませんか？

言わされた「ごめんなさい」は意味ナシ！

食事中、子どもが何かをこぼすことはよくあることです。他にも、何かを壊す、破る、落とすなど、失敗したときに「ごめんなさい」を言わせようとしたことはありませんか？　保護者として、素直に謝れる子どもになってほしいという願いがあるからかもしれません。でもそれは、強要されて謝るのではなく、自分から謝れる子どものイメージではないでしょうか。

「謝る」とは、自分が悪かったと思い相手に許しを願う行為です。ですから、大人が悪いと判断したことに対して「ごめんなさいと言いなさい」と強要しても、子どもが悪いと思っていなければ意味がないわけです。つまり、ママ（パパ）に言わされた「ごめんなさい」には何の意味もないのです。

では、どうすれば子どもが素直に謝れるようになるのでしょう。それは、子どもに気づかせてあげることです。子どもだって失敗すれば「しまった」「どうしよう」とあせります。ましてや、失敗したときにいつも怒られる経験をしている子どもなら、余計に守りの態勢に入ろうとして、言い訳を始めるかもしれません。「だって…」と言い始めたときに「だってじゃない！」「言い訳しない」と言ってしまうと、子どもが気づくチャンスを奪ってしまいます。

子どもの言い訳を聞こう

だからここはぜひ、言い訳を聞いてあげてください。イラッとするかもしれません、怒りがわいてくるかもしれません。でも、待ちましょう。6秒数えて待ちましょう。怒りがピークに達するまでの時間は長くても6秒です。6秒経てば落ち着きます。衝動をコントロールすることで、子どもの反発心を燃え上がらせずにすみますよ。

　そのあと、子どもの言い訳をそのまま繰り返してみてください。そして、目の前の惨事に気づけるような言葉をかけます。「机がビチョビチョだね」「コップが割れてグチャグチャだね」「障子が破れてビリビリだね」という具合です。責めるのではなく、気づかせるような口調です。素直に謝らせるためには、責めの口調はNGです。本当は、こぼしたり、壊したり、破ったりして「悪かったな～」と思っているはずですから、ママ（パパ）に攻撃される恐れがないことを肌で感じることができたとき、子どもは素直な気持ちで「ごめんなさい」と言えるようになるはずです。でも、「怒られる」「責められる」と防御態勢をとらざるを得ない関係性だと、謝るより自分を守る言葉（言い訳）を優先したくなるのも仕方がないのです。

　イラッとしたとき、6秒数えながら子どもの表情を観察してください。もし、ママ（パパ）の顔色を伺うようなしぐさをしているようなら、眉間のしわを伸ばして、ほんの少し口角を上げて待ってみましょう。そして、最後に子どもが自ら謝ることができたときには、必ずほめてあげましょう。よい行動をしたときにその場ですぐにほめてもらえることは、子どもの成功体験につながります。成功体験の積み重ねは、子どもの自己肯定感を育むための基礎になるのです。■

GOODな声かけ
こぼれちゃったじゃない
あっ！
だって……
うん
だって、手が
当たったんだもん
手が当たったからこぼれたのね。
机がビチョビチョになったね
うん……
ごめんなさい
ママは素直に
謝って
くれて
嬉しいよ

6 聞いてるの!?

こんな声かけしていませんか？

2つのことを同時にはできません

睡眠はとても大切です。睡眠不足の状態が続いてしまうと、落ち着きがなくなったり、集中力が低下したりと、情緒面に悪影響があるといわれています。ちなみに幼児の睡眠時間は10〜13時間程度、小学生では9〜11時間程度が好ましいとされています。加えて、子どもが早く寝てくれれば、そのぶんママ（パパ）はゆっくりできるので一石二鳥ですね。それなのに、いつまでもダラダラ起きていられるとイラッとするのは仕方がないかもしれません。しかも、「わかった」と言っているのに動こうとしないのであればなおさらです。

でもね、幼児期の子どもは2つのことを同時にするのが苦手です。だから、テレビを見ているときに（特に楽しい番組を集中してみているときは）言われた言葉など、耳に入っていないことが多いのです。それに、子どもって「わかったの？」「わかってる？」と聞かれると「わかった」と合言葉のように答えることってありませんか。本当にわかっているかどうかはわかりません（笑）。この状態であれば、ママ（パパ）自身も「うちの子、聞いていないかも！わかっていないかも！」と薄々感じているのではないでしょうか。それをわざわざ責め立てて怒りを生み出してしまうより、子どもが寝ようと思える状況を作ることを優先したほうがいいのかなと思います。

プラスの行動に注目してハッピーに目を向けよう

ここで大事にしたいのは、プラスの行動に注目することです。本当はわかっていなかったとしても「わかった」と言っているのであれば、そのプラスの言葉に注目し、ほめてあげましょう。その際、子どものそばに行き、ママ（パパ）のほうに気持ちが向くような位置や話し方、タイミングなどを工夫できるといいですね。

アンガーマネジメントでは、ネガティブではなくポジティブな側面（ハッピー）に目を向けることでイライラを生み出さないようにするエクササイズがあります（ハッピーログ）。子どもの行動をポジティブにとらえ、「時間を守れるあなたはえらいと思う」というママ（パパ）のポジティブな気持ちを伝えてみましょう。

それでもまだテレビから離れないのであれば、楽しい気持ちやまだ観ていたいという心残りのある状態を一度受け止め、言葉にして共感しながら、子どもが納得できる交換条件を提案していきましょう。ここでは、録画をしてあげることで翌日観ることができるわけですから、子どもは安心して寝ることができますね。

また、面倒かもしれませんが、一緒に寝室まで行ってあげれば、子どもも素直に移動できるかもしれません。自分一人で布団に入るのはさみしいですよね。子どもは大好きなママ（パパ）が一緒に寝転んでくれると嬉しいものです。割り切って、絵本を1、2冊読んであげたり添い寝をしてあげたりすることが、早寝への近道かもしれません。■

GOODな声かけ

もう寝る時間でしょ！
わかってる？
わかった〜
えらいねぇ
12 3 6 9
ちらっ…
寝る時間、
守れるんだね
テレビを観るの
楽しいね
録画しておいて
あげるから、
今日はもう
寝よう
うん

7 怒るばっかりしないで！

こんな声かけしていませんか？

子どもの怒りに怒りで応戦してない？

朝の忙しい時間帯、「保育園に送らなきゃ」「仕事に遅れちゃう」など時間に追われていると、心に余裕がなくなり、つい声を荒げてしまうものです。しかも、家を出る直前に、前日に洗濯したばかりの「別の服を着たい」と言われても、今さらどうしようもありません。無理なことを求められ、泣いて怒っている子どもの姿を見ていると、「怒るばっかりしないで！」と言いたくなる気持ちもわかります。

でも、怒りのエネルギーを爆発させている子どもに怒りで応戦しようとしても、収拾がつきません。それに子どもは、悲しい気持ちをうまく伝えられなくて怒っているのに「怒るばっかりしないで！」とママ（パパ）に言われることで、自分の気持ちを否定されたと感じてしまうかもしれません。

怒りの感情は伝染する性質があります。だから、子どもに近い存在であるママ（パパ）のイライラは子どもにダイレクトに伝わります。怒りの連鎖を断ち切るためには、ママ（パパ）がイライラを手放すしかありません。そんなときは、コーピングマントラのテクニックを使ってひと呼吸おくのもいいですね。「イライラしても仕方がない」「はい、私、落ち着こう」などのフレーズを唱えて冷静な心を取り戻しましょう。

怒るばかりしているママ（パパ）の行動は、子どもに影響します。「子どもの怒り方が自分に似ているな」と感じたら、怒り方を変えてみることをおすすめします。

子どもに共感するには?

ひと呼吸おいて冷静になれば、子どもの悲しい気持ちに共感してあげられる心の余裕ができるはずです。共感の方法はとても簡単で「着たい服を着られないから悲しくて怒っている」ことを、そのまま言葉で伝えるだけです。人は、自分の気持ちを否定されず言葉にしてもらえると、受け入れてもらえたと感じます。それは子どもの安心感になります。安心できれば、子どもも落ち着いて話が聞けるようになります。親子で落ち着いて話ができる状態になれば、「なぜ洗濯したのか、いつ着られるようになるのか、今日は他の服を選んでほしい」など、子どもが理解できるように具体的に説明できたり、子どもが納得できるような提案を伝えられるようになるでしょう。

ちなみに、子どもが服の好みを言い始めるのは1歳半頃からといわれています。最初は動きやすさや着心地を求めた服を好んだ子どもも、自我の芽生えとともにこだわりが変化します。4歳以降になると好きな色やデザインなどを重視する子が多くなり、特に男の子より女の子のほうがその傾向が強くみられるようになります。この頃の子どもは「自分が周りからどんなふうにみられているか」がとても気になる時期なので、保護者の好みで選ぶのではなく、子どもに聞いてお気に入りの服を用意しておくのも、問題解決の方法になるかもしれません。■

GOODな声かけ

この服いやだ～
お花のついたのが
いい！
お花のは
洗濯してるから
着られないよ
なんで洗濯するの！
もう！
やだ
やだ
やだ～
お花の服が
着られなくて悲しいから
怒っているんだね
お花の服は、
気持ちよく着られる
ように洗濯したのよ
うん……
今日は他の服を選ぶことが
できるかな？

8 勝手なことしない！

こんな声かけしていませんか？

座って
待っててね
絵本とってくる！
絵本とったら
座ってよ
パパ、ブロックも
おままごともあったよ！
じっと
しなさい。
勝手なこと
しない！

病院ではおとなしく待つ「べき」？

病院には老若男女さまざまな人が集まります。キッズスペースがある病院ばかりではありませんし、皮膚科や耳鼻科、予防接種など、子どもが元気な状態で長時間待たなければならないときなど、どうやって時間をやり過ごそうかと頭を悩ませてしまいます。加えて、子どもに好意的な人ばかりではないので、病院の待ち時間に苦痛を感じてしまうというママ（パパ）もいるのではないでしょうか。

実は、子どもも待つことに苦痛を感じているのです。幼児期の子どもにとって、待つことは大きな課題です。でも、その場で待たなければならないことを理解しているので、自分なりに待ち時間を飽きないように工夫しているのです。一方、ママ（パパ）としては、子どもがうろうろすることによって他の人に迷惑をかけてしまうかもと気を使って「勝手なことしない！」と言いたくなってしまうのでしょう。

人が怒りを感じるときには、少なからずその人が持っている「べき」が影響しています。「病院では座って待つべき」「共同で使うおもちゃは独り占めするべきではない」なのに、そうではない子どもの姿にイライラが募ります。また、「周りの人からどう思われるだろう」「なぜじっとできないんだろう」という不安や不満などのマイナスな感情が怒りに変化することもあります。

守ってほしいことを一つに絞って伝えてみよう

ママ（パパ）の「べき」や「マイナスな感情」をすべて押し付けるだけでは、子どもの行動は変わりません。そこで考えてほしいのは、「一番守ってほしいことは何か」です。例えば「じっと座る」か「おもちゃを一つに決める」のどちらを優先するのかを決めて、子どもに伝えることです。

子どもは一度にたくさんのことを言われてもできません。ですから、守ってほしいことを一つに絞って伝えるのです。「勝手なことをしない！」ではなく「○○ならしていいよ」と○Kなことを伝えれば、どうすればいいのかというイメージが湧きやすくなります。

そして、ママ（パパ）の提案を受け入れてくれた子どもには「ありがとう」「うれしいよ」の気持ちを言葉で伝えましょう。一つできたら、一区切りとして感謝の言葉を伝えます。二つ目の提案があるのであれば「あとね、ママ（パパ）は、他の人に迷惑をかけてしまうのがすごく嫌なんだよ。だから、ママ（パパ）のそばで遊んでくれていると安心するよ」と伝え、子どもが納得（そのように）してくれたら、改めて感謝の言葉を伝えましょう。

子どもは保護者の言うことを聞くのが当たり前、という考え方を手放すと、楽になりますよ。「よかった」「嬉しい」「助かった」と思ったときに、「～してくれてありがとう」と伝える習慣を続けると、自然と「ありがとう」を言える子どもになります。子どもが成長し、思春期にさしかかった頃、「ありがとう」は親子の心の距離感をほどよく保つ魔法の言葉になってくれますよ。■

GOODな声かけ

座って
待っててね
絵本とってくる！
絵本とったら
座ってよ
パパ、ブロックも
おままごともあったよ！
たくさん
あったね
でも、他の
お友だちも使うから、
どっちか一つに
決めて遊ぼうね

9

ばかじゃないの？

こんな声かけしていませんか？

「悪い」と思っている気持ちに気づいてあげよう

ビュッフェやバイキングに行くと、子どもはワクワク感でいっぱいになりますよね。おいしいごちそうがたくさん並んでいるのだから、仕方ありません。仲良しの友だちと一緒だと調子にのることもあるだろうし、欲張って二皿、三皿と大量に料理をとってくる子どももいます。

でも、子どもが食べられる量は知れていますから、全部食べられるわけもなく、食べ残しになることもあります。右のエピソードのママ（パパ）は「全部食べられるの？」と一度確認したにもかかわらず「残していい？」と言ってきたことにイラッとしたのでしょう。

でもね、知らん顔して残すこともできるのに、「残していい？」と聞きにくるところはほめてあげたいポイントかな、と思います。「残すのは悪いなぁ」「残すともったいないなぁ」と感じたから言える言葉です。調子にのって必要以上に料理をとりすぎてしまったことはよくないですが、「残していい？」の言葉に隠された「悪いなぁ」と思っている気持ちを汲み取ってあげられるといいですね。

事前に約束事を決めておこう

「ばかじゃないの！」は人格否定の言葉です。思わず言ってしまった一言が、子どもの心にとげのように刺さってしまうこともあります。特に「ばかじゃないの！」が口癖になっているなら、すぐにやめましょう。否定的な言葉を日常的に言われ続けると、自己肯定感は下がり、自身の存在否定につながりかねません。それほど危険な言葉です。

アンガーマネジメントでは、「人格を攻撃する」ことはやってはいけない怒り方と定義しています。ここで一番伝えたいことは、「残すともったいないから、食べる量だけとってくるようにしてほしい」です。「ばかじゃないの！」の一言を付け加える必要はありませんよね。

怒ることは、子どもを責めることでも追い打ちをかけることでもありません。問題になっている行動を、今後改善するためにどうするかを伝えることが「怒ること」です。「次は、お皿一つ分」は子どもにとってわかりやすい表現です。言いがちな「次は自分が食べられる量」という表現を使うことはおすすめしません。幼児には適量の判断が難しいからです。次回も子どもは「食べられる！」と思ってお皿に大量の料理を載せてくるでしょう(笑)。

次回ビュッフェに行くときには、お店に入る前に「食べ残しをしないように、料理はお皿一つ分だけとること」「一皿食べきったら次の料理をとりに行くこと」などの約束を親子で確認しておくとよいでしょう。年齢が上がって、少しずつ自分の適量が判断できるようになれば、上手に食事ができるようになるはずです。

子どもを無駄に怒る回数を減らそうと思うと、事前の話し合いや約束の確認が必要になります。ママ（パパ）と子どもが楽しい時間を過ごすためのひと手間だと思って取り組んでみてくださいね。■

GOODな声かけ

ちょっとたくさん
とりすぎじゃない？
だって
おいしそうだもん！
全部食べられるの？
もぐ
もぐ
しばらくたって……
全部食べられないのね。残すともったいないよね。次は、お皿一つ分だけにしようね
残していい？

10 けんかしない！

こんな声かけしていませんか？

けんかは発達に不可欠です

幼児期の兄弟（姉妹）げんかはなりの頻度で勃発しますよね。「またか」とうんざりしてしまうママ（パパ）も多いかもしれません。特に些細なことがキッカケだと、余計にイライラすることもあるでしょう。結局ママ（パパ）が仲裁せざるを得なくなり、一件落着まで結構な手間がかかることもあるのではないでしょうか。

ですから、けんかが始まると「もう勘弁して！」という思いも込めて「けんかしない！」と言いたくなる気持ちもわかります。わが家の息子たちもしょっちゅうけんかをしていましたから（笑）。

保護者にとっては面倒極まりないけんかですが、保育者目線でとらえると、実は子どもの発達に必要な経験といえます。例えば、3歳くらいの子どものけんかで多いのは、衝動的な物の取り合いです。「自分もほしい！　使いたい！」という思いを主張し合ってけんかをします。4歳頃になると少しずつ思考能力が育まれているので「自分が正しい！」という言い分を主張し合ってけんかをするようになります。5歳になると知的面、感情面がかなり発達するので、理屈で言いくるめようとしたり、感情で訴えようとしたりとさまざまな手法を使った口げんかが多くなり始めます。

つまり、けんかにも発達段階があるのです。その発達の中で、自分と他者との間で自己を主張する経験ができたり、傷つけたり傷つけられたりしてつらい思いをする経験ができたり、互いの関係性を修復するための方法を考える力を身につけたりできるのです。けんかも悪いことばかりではないでしょう?

時間を決めて消えてみる

とはいえ、実際に目の前でけんかをされるとイライラしてしまう! というママ(パパ)におすすめなのが、タイムアウトのテクニックです。

思わず怒ってしまいそうなときには、その場を離れてしまいましょう! 「ママ(パパ)は隣の部屋に行きます!」とタイムアウト宣言をし、その場を離れます。放置ではなく、5分間など時間を決めて、戻ってくることを伝えておくとよいでしょう。戻ってくる時間を必ず子どもに伝えてください。そして、「どうしてもけんかがしたいなら、好きにけんかをしていいよ。でも、顔や頭を殴ってけがをするようなことは絶対にしないと約束してね」と、けんかのルールを伝えましょう。けんかをすることがダメではなく、けがをするような行動がダメだとわかるようにします。ここまで伝えたら、「レディ・ゴー!」です(笑)。好きにけんかをしてもらってください。

戻ってきたときにけんかが収束していたら、2人のことをしっかりほめてください。けんかの結末がどうなったかも、ていねいに聴いてあげてください。それぞれの思いを言葉にしてあげられるといいですね。

このとき注意したいのが、ママ(パパ)がジャッジをしないこと。2人の気持ちの橋渡しをしながら、子ども自身が考えるかかわりができると、子どもの心の育ちにつながるはずですよ。暴力的な行動が見られる場合は引き離す必要がありますが、そこまで荒れるには何か理由

があるはずです。そのときは子どもと向き合い、子どもの気持ちを否定せず聞いてあげることから始めましょう。■

GOODな声かけ

11 嘘ばっかり言わない！

こんな声かけしていませんか？

ねぇ、トイレのマットがビチョビチョに濡れているんだけど……
え〜、知らないよ
のりもの
さっきトイレに行ったよね？
……ぼくじゃないよ
のりもの
嘘ばっかり言わない！
プン
プン
!!
もー
のりもの

子どもの自己防衛にどうかかわる？

最近は、男女問わず座って排尿するよう子どもに伝える家庭が増えていますね。保育所では子ども用の小さな便器が設置されていますが、家庭ではそういうわけにはいきません。まだ排泄が安定しない時期には保護者が一緒にトイレに行きますが、ある程度自立してくると、一人で行くことが増えてきます。そんなときにありがちなのが、おしっこの飛び散り事件です。便器の中におしっこがうまく収まらず、床やマットを汚してしまう失敗です。

男の子の場合、放尿するときにおちんちんの向きが定まっていないと、本人にさえおしっこがどこに飛んでいくかわかりません。また、幼児の場合はおちんちんの皮が長くだぶついているので、その皮の中におしっこが溜まっていることがあります。その場合、おしっこが四方八方にシャワー状に飛び出してしまうのです。女の子は、後ろ重心で放尿してしまうと、尿が便器を飛び越えてしまうこともあるようです。

子どもとしては、恥ずかしさがあるのかもしれないし、怒られたくない気持ちもあったのかもしれないし、できることなら気づかれずに済めばいいな~と思っていたのでしょう。明らかに子どもの失敗だとしても「知らない」「ぼくじゃない」という自己防衛の言葉に対して「嘘ばっかり言わない！」と一喝しても、何の解決にもなりません。きっと今後も同じ失敗を繰り返し、同じように怒られる経験を続けることになります。

一番伝えたいことを伝えよう

子どもの言葉に衝動的に反応しないために、「ストップ！」と自分の言動をいったん停止してみましょう。ストップシンキングのテクニックを使って、怒りを落ち着かせた後、一番優先したいことを伝えます。ここでは「汚れたマットをすぐに掃除したいから、気づいたときにすぐ教えてほしい」ではないでしょうか。失敗は誰にでもあるし、失敗するのは悪いことじゃないですよね。そのことを伝えてあげれば、「知らない」「ぼくじゃない」と嘘をつく必要はなくなります。また、男の子の場合、次からおちんちんを少し上から押さえておしっこをすることや、女の子は少し前かがみにおしっこをすることを教えてあげると、失敗する回数も減ってくるでしょう。

ちなみに幼児の嘘には、今回のような自己防衛と、自己中心性による空想の嘘があります。特に3〜4歳児期の子どもに多くみられ、自分の願望、欲求や空想と現実の区別があいまいになってしまうことで、それを本当のことのように話してしまうのです。

この場合、子どもは嘘をついているつもりはないので、「嘘ばっかり言わない！」と言われてしまうと、自己否定されていると感じてしまいます。そんなときは「そうなのね」と聞いてあげるだけでOKです。成長とともに現実と空想の区別がつくようになるので、しばらく見守ってあげるといいですよ。■

GOODな声かけ

ねぇ、トイレのマットがビチョビチョに濡れているんだけど……
え～、知らないよ
のりもの
濡れたときにすぐにお掃除したいから、知っていたら教えてほしかったの
……
のりもの
もし、ママより先に気がついたときには教えてね
のりもの
うん…

12

何回言ったらわかるの？

こんな声かけしていませんか？

「〜ならしてもいい」ことを伝えてみて

「何回言ったらわかるの？」「何度同じことを言わせるの？」……これらは子育てで言いがちなフレーズですね。以前注意したことを何度も繰り返されると、腹が立ちます。気持ちはわかりますが、衝動のコントロールをするテクニックを使って一呼吸おいてほしいです。そして、ブレイクパターンのエクササイズをしてみませんか？　何回も言っているのに子どもの行動が改善されないのは、その言い方では効果がないということです。言葉の選択を変えることで、悪循環を断ち切ってしまいましょう。

子どもは元気いっぱいです。お店にはたくさんの商品が並んで誘惑がいっぱい！　ワクワクしますよね。その気持ちを受け止めることなく「一人で行かない！」「走らない！」「商品に触らない！」とナイナイ命令で子どもの行動をコントロールしようとしても、言うことを聞いてくれません。

4歳くらいになると「なぜ一人で行かないほうがいいのか」「なぜ走らないほうがいいのか」「なぜ商品に触らないほうがいいのか」など、一つひとつ丁寧に説明すれば理解できるはずです。しかし、理解はできても行動が必ず改善されるとは限りません。まずは理由を説明して、その後「〜ならしてもいい」ことを伝えてみてください。

これまでとは違うアプローチです。「見えなくなったら心配だから、ママ（パパ）が見えるところまでなら先に行っていいよ」「歩いて行けるのなら、一周回って帰ってきてもいいよ」「一人でカートを押すのは危ないから、ママ（パパ）と一緒に押すならいいよ」「野菜や果物は触れないけど、箱や袋に入っている商品をそっと触るのはいいよ」という具合です。そこで行動が改善すれば、ミッション成功ですね。

何に納得がいかないのか、子どもの考えを確認して

それでもうまくいかないときもあるかもしれません。その場合は、買い物をあきらめて一度家に帰ってしまうのもおすすめです。これは実際に私が試した方法です。親の本気度を見せつけました(笑)。大声で怒るのではなく、淡々と「母ちゃんのお願いが聞いてもらえないみたいだから、お買い物はやめて家に帰ります」と言って、車に乗って帰路につきました。すると次男は、「オレ、イチゴ触らんから買い物行こうや!」と言ってくれたのです。「お願いを聞いてくれるん？ イチゴが触りたかった気持ちはわかるけど、イチゴは触るとつぶれるから触らんといてな。見るのはなんぼ見てもええからなぁ」と伝えた後、店に戻って無事に買い物を済ませることができました。

小学生くらいになると、理由を伝えても行動が改善されないことが増えてきます。それは、成長とともに子どもなりの考えや感情が芽生えてきて、保護者が正しいと思っていることに、子どもが納得していない場合があるからです。そのときは、何に納得がいかないのか、子どもの考えや気持ちを確認しましょう。そのとき「どうして〜できないの?」と聞くよりも「どういう方法だったらできそう?」と、子どもに改善案を考えてもらうといいですよ。保護者が決めた方法ではなく、自分で考えた方法のほうが自主的に取り組みやすいはずです。

GOODな声かけ

13

そんな言い方やめなさい！

こんな声かけしていませんか？

「汚い言葉」は流行り病？

集団生活にはたくさんの刺激があふれています。さまざまな家庭環境の子どもたちが一緒に遊ぶので、お互いに影響し合うのは当然です。また、友だち関係の広がりとともに、言葉の獲得数も増えていきます。その中で、「バカ」「アホ」「ウンコ」「オナラ」「シッコ」「オッパイ」「チンチン」など、いわゆる「汚い言葉」も使い始めるようになってきます。特に男の子は好んで使いたがる時期がやってきます。でも、これは流行り病のようなもので、ときが過ぎれば自然と落ち着いてくるものです。無理にやめさせようとすれば、余計に使いたくなるのが子どもです。「あ〜、うちの子にもこの時期がやってきたのね」くらいにとらえてあげられるといいですね。

友だち同士で楽しく言葉遊びをするぶんにはいいですが、家庭で何度も使われるとイラッとしてしまいますよね。そんなときは、スケールテクニックを使って気持ちを切り替えましょう。

子どもが喜んで使っている汚い言葉に対する皆さんのイライラ具合はどれくらいでしょう？

1〜10で点数をつけてみましょう。

軽くイラッとする程度でしょうか？　それとも、怒り心頭、はらわたが煮えくり返るくらいの怒りでしょうか？　軽く受け流せる程度の怒りであれば、イライラし続ける必要はありません。「はい、はい」と言って聞き流していれば、子どももそのうち言わなくなるはずです。

自分を主語にして伝えよう

一方で、どう考えてもやめてほしい場合は、私メッセージで伝えるのもいいですね。私メッセージは、自分を主語にして話す方法です。「ママ（パパ）は、そんなことを言われたら悲しいから家族に言うのはやめてほしい」という感じです。子どもの言葉に瞬間的に反応して、「バカって言う子がバカなのよ」と張り合ってみたり「そんな言い方やめなさい！」と命令するだけでは、子どもの行動は改善されません。みんなが使っているから使いたいという子どもの気持ちを受け止めつつ、汚い言葉を使うことで嫌な気持ちになる人がいることを丁寧に伝えましょう。

繰り返しになりますが、子どもは周りの大人の口調をまねることで表現の幅を広げていきます。保護者が同じような言葉で応戦することで、そういう言葉を使ってもいいと理解してしまいます。保護者が日常的に使っているのに（ウンコ、オナラ、シッコなどは使わないとは思いますが）「汚い言葉は使いません」「乱暴な言葉は使いません」と言っても説得力がありませんよね。ちなみに、「大人はいいの」という言うことがありますが、子どもにとっては納得のいかない理由です。

子どもに汚い言葉を使ってほしくないと思ったときこそ、丁寧な受け答えを意識してください。ウンコ、シッコの時期は必ず過ぎていきます。その後の反抗期、思春期に入り乱暴な言葉を使い始める時期になったときにも同じ対応でＯＫです。過敏に反応せず、スケールテクニックで温度差をつけながら、「反抗したいんだな～」「自分の主張を通したいんだな～」と一度は

受け止めてあげると、少し楽になりますよ。■

GOODな声かけ

14 しっかりしなさい！

こんな声かけしていませんか？

あいまいな伝え方ではわからない？

5歳児くらいの子どもで排泄・排便はすでに自立しているのに、パンツに尿のしみができたり、ふき残しの便汚れがある経験はありませんか？　この時期の子どもは、遊びに夢中になりギリギリまでトイレに行くのをがまんして少し漏れてしまったり、男の子は排尿後、滴をちょんちょんと切らずに、女の子はペーパーでふききらずにパンツを上げていると、おしっこ染みができたりすることがあります。また、排便後の始末も便の状態によってはすべてふききれない場合もありますし、急いでいるときはふき方が雑になる場合もあります。

保護者としては「もう5歳なのに」「来年は小学校なのに」と心配になることもあるでしょう。でも、子どもはわりと平気で遊んでいることも多く、ズボンに染みてなければ大丈夫という様子にイラッとすることもあるかもしれません。このとき「しっかりしなさい！」と伝えるだけでは、子どもはできるようになりません。何をどれくらい「しっかり」したらいいのかわかりませんし、「しっかり」するにはどうしたらいいのかもわかりません。イメージが曖昧だと、子どものチョイ漏れ、チョイ便はいつまでたっても改善されません。

できていることに着目しよう

そこでこの状況を解決志向で考えていきましょう。つまり、どうやったらこの問題が解決できて、子どもが「しっかりできるのか」の方法を考えていくのです。そのときに、「～しない」という言い方ではなく「～してみよう」という肯定的な伝え方がおすすめです。そして、子どもが「それをしたほうがいい」と思える伝え方の工夫が必要です。

「パンツが汚れているとにおいがするよ。ママ（パパ）は、あなたが恥ずかしい思いをするのが心配だよ。だから～してみよう」「～したら、パンツを汚さなくて済むんだよ」と伝えてみましょう。もちろん「～してみよう」は具体的に伝えなければなりません。ときには、一緒に練習しなければならないこともあるでしょう。排尿後の滴の切り方やペーパーの量と切り方、排便後の始末も丁寧に教えてあげてください。女の子の場合は、衛生上の配慮も踏まえながら教えます。

大人にとって当たり前のことでも、子どもにとっては教えてもらわなければわかりません。尿は前からふく、便の場合は手を後ろに回してお腹側からお尻に向かってペーパーを動かすことを伝えましょう。慣れるまでママ（パパ）が確認してあげれば、尿路感染症にならずにすみます。

アンガーマネジメントのサクセスログをつけるように、できているところに注目してあげられると「できていない」「やっていない」と否定的になることはありません。

「しっかりしなさい！」は便利な言葉ですが、実は何の解決にもならないことが多いです。今回のような事例以外でも、不安を感じているときに「しっかりしなさい」と言われると、子どもは強いストレスを感じるようになります。他にも、本人がいいと思ってやっていることに対して「しっかりしなさい」と言われると、子どもは否定されたと感じるでしょう。しっかりしてほしいと感じたときは、子どものために必要だからか、保護者の理想や願望なのかを考える時間が必要かもしれません。■

GOODな声かけ

15 もう知らない！

こんな声かけしていませんか？

何してるの？
……
Aちゃんとあやとりしてるの
なんでBちゃんを仲間はずれにするの？
……
そんな意地悪な子、もう知らない！
ぷいっ
……

まずは言い分を聞いてみよう

園に迎えに行ったとき、子どもが楽しそうに遊んでいると安心します。でも、そういう日ばかりではありませんよね。「トラブルかも…」という場面に遭遇することもあるでしょう。特にわが子が主犯かもしれないと感じた場合は、ドキッとしてしまいます。

ここで考えてほしいのは「本当にわが子が主犯なの？」「本当に仲間外れにしているの？」「本当にわが子は意地悪なの？」ということです。ママ（パパ）が迎えに行ったときに目に入ったその光景を、その瞬間だけ切り取って判断している可能性だってあるからです。事実を確認せず、ママ（パパ）目線での「うちの子が主犯、仲間外れにした、意地悪をした」という思い込みは、子どもを傷つけてしまいます。そのうえ「もう知らない」とママ（パパ）に突き放されてしまうと、親子の信頼関係は崩壊しかねません。「もう知らない！」は（もちろん本当に放置するつもりで言っているわけではないでしょうが）脅し文句で、その言葉で今の状況が改善するわけではないでしょう。

大切にしたいのは、子どもたちとママ（パパ）自身の気持ちです。わが子とAちゃん、Bちゃん、それぞれ気持ちがあるはずです。お迎えの時間帯ではありますが、余裕があるのならそれぞれに気持ちを聞いてあげられるといいですね。子どもたちが言いにくそうなら「ママ（パパ）は、あなたとAちゃんは楽しそうに見えたけど、Bちゃんを仲間に入れていないように感じたの。でも、本当はどうなのかな～と思って。聞かせてくれたら嬉しいな」など話すキッカケを作ってあげましょう。そして、Bちゃんの気持ちについて考えられる声かけも必要かなと思います。

気持ちを言語化してあげよう

アンガーマネジメントでは、気持ちの橋渡しを丁寧に行うことをおすすめしています。お互いの気持ちをママ（パパ）が言語化してあげます。この経験を積み重ねれば、子どもは次第に自分の気持ちを言語化できるようになり、感情をコントロールできるようになります。感情をコントロールできれば、人と上手にコミュニケーションがとれるようになります。そうなれば「今はAちゃんとあやとりをしてるから、終わるまで待ってね」「Aちゃんの次はBちゃんだよ」と、Bちゃんの気持ちを汲み取った会話もできるようになってきます。気持ちを大事にしてもらう経験の積み重ねは、人の気持ちを大事にできるコミュニケーション力の基礎になります。

ただし、子どもの話をじっくり聞いた後で、仲間外れが事実だとわかったら、絶対にしてはいけないことだと伝える必要があります。仲間外れを「よくあること」として見逃してしまうと、子どもの行動は改善しません。心の傷は目に見えないけれど、人の心を傷つけることを平気でするような人間になってはいけないと真剣に伝えるタイミングと考えて、上手に怒っていきましょう。■

GOODな声かけ

何してるの？
……
Aちゃんとあやとりしてるの
そう！いいね～。Bちゃんも一緒に遊んでいるの？
……
Bちゃんは今
どんな気持ちなんだろうね？

16 人の悪口を言わない！

こんな声かけしていませんか？

Aちゃんってさ、私の好きなお人形、勝手に使ったんだよ！もう、大っ嫌い！
プン
プン
人の悪口は言わないの！
ママも大っ嫌い！

悪口ではなく、愚痴？

人の悪口は、聞いていてあまり気持ちのいいものではありません。ですから、自分の子どもが友だちの悪口を言う子であってほしくないと思うママ（パパ）も多いのではないでしょうか。この例では、園で自分の好きな人形を使われてしまったことに腹を立てて、Aちゃんのことが大嫌いとママに話している場面です。ママは思わず、「人の悪口は言わないの!!」と反応しましたが、そこは衝動のコントロールが必要な場面だったかもしれません。

というのも、子どもは悪口を言っているつもりはないかもしれないからです。ただ、自分が抱えていた悲しさや不満を吐き出したかっただけかもしれません。本当はAちゃんに言いたかったけれど、言わずにがまんしてきたからママに聞いてもらいたかったのかもしれません。子どもが感情的に怒っているときには、何かしらの理由や思いがあるはずです。そんなとき一呼吸おいて「もしかしたら〜かも」と考えると、さまざまな理由や思いが浮かんでくる気がしませんか？　そこに気づくことができれば「ママも大っ嫌い!!」と言われることはないはずです。

ちなみに、わが家の次男は現在高校1年生ですが、今でも同じような話をしてくることがあります。保育所に通っている頃から続いています。幼児期から少し感情のコントロールができにくい子どもだったので、園や学校であったことに対して腹立たしい思いをしていたようです。その場では園の先生や友だちに言えないので、家に持ち帰って「あいつが悪い！」「あの子が嫌い！」と言うのです。言葉どおりに聞けば完全に悪口です。当時の私はアンガーマネジメントを勉強していたので、下手なりに（笑）一生懸命息子の話を聞いて、理由や思いを想像する努力をしました。それを続けているうちに気づいたんです。これは「悪口ではなく、愚痴だわ！」と。

子どものガス抜きを受け止めよう

悪口は他人を悪く言うことなので、「あいつが悪い」「あの子が嫌い」は悪口です。でも実は、その言葉の裏側に「オレは悲しかった」「オレは言われたくなかった」という気持ちが隠れていることに気がついたんです。まさに愚痴です。

愚痴は、言っても仕方ないことを言って嘆くことです。「母ちゃんに言っても仕方ないけど、オレは〇〇だったんだ！」と愚痴を聞いてほしかっただけなんだな～と。愚痴をこぼせるのは、そこが安心・安全な場所と子どもが知っているからです。ママ（パパ）が子どもの安心・安全な拠りどころとして「悪口」ではなく「愚痴」として「大っ嫌いと言いたくなるほど悲しかったんだね」と言葉にしてあげられるといいですね。

子どもの悪口を悪口のままで放置せず、愚痴にして聞いてあげれば、怒りのガス抜きができます。ですからうちの次男は、今でも悔しいことやつらいことがあったら愚痴をこぼしては気持ちをリセットし、自分の生活に戻っていきます。

子どもが悪態をついたとき、暴言を吐いたときはガス抜きタイムと思ってあげましょう。自分の気持ちを尊重し、マイナスな気持ちが整理整頓できると、悪口は減ってくるはずですよ。■

GOODな声かけ

Aちゃんってさ、私の好きなお人形、勝手に使ったんだよ！もう、大っ嫌い！
プン
プン
もしかして、好きなお人形を使われて悲しかったのかな？
……うん

17

ちゃんと言わないとわからないよ

こんな声かけしていませんか？

自分を励まし元気づける応援フレーズを自分に送ろう

子どもが泣いて駆け寄ってくれば、何があったのか心配になってしまいます。そんなとき「どうしたの？　何があったの？」と聞いたのに、泣いてばかりで状況がわからず困ってしまった経験はありませんか？

膝をすりむいているなど目に見える変化があれば「転んだのね。痛かったね」と声をかけることができます。でも、特に気になるところもないのに泣いている理由を答えないときなどは、つい「ちゃんと言わないとわからないよ」と言ってしまうことがあるのではないでしょうか。

それは、何が原因かがわかれば解決してあげられるかもしれないという親心からの言葉かもしれません。かと言ってハッキリと答えてくれる子どもばかりではありませんよね。そんなときは、そっと頭をなでながら待ってあげましょう。言いたくても今は言えない気持ちを受け止めてください。ママ（パパ）のところに行けば大丈夫と思っている子どもを「よしよし」と包み込んで安心させてあげるだけでいいのです。

しかし、いつまでも泣かれていると、周りの目が気になって早く泣き止んでほしいと思うかもしれません。そんなときはポジティブセルフトークを使ってみましょう。物事がうまく進まないとき、自分を励ましたり元気づけたりする応援フレーズを自分に送るのです。「私はアンガーマネジメントができるママ（パパ）。この子が落ち着くまで待てるはずだよ。大丈夫！」と自分を励ましてあげましょう。そうすれば、今はちゃんと言えない気持ちでも、わかろうとして待ってくれるママ（パパ）がそばにいることが子どもに伝わります。

子どもが話したくなったタイミングで、気持ちを代弁してあげよう

気持ちをちゃんと言葉にするのって、大人でも難しいと感じる人もいるのではないでしょうか。例えば、ひどく落ち込んでしまうくらいつらく悲しい出来事があったときに「大丈夫?」「どうしたの?」と聞かれても答えたくないと思った経験はありませんか。大人の場合は、「ごめん、今はそっとしておいて」「また、落ち着いたら話すから」と伝えることができますが、幼児期の子どもにとってはかなり高度なコミュニケーション技術がなければ不可能です。

また、自分でもよくわからないモヤモヤした感情をうまく言葉にできないから言えないということもありますし、感情が高ぶりすぎて言えないこともあります。思春期の頃になると「言いたくないから言わない」という時期もあるでしょう。

どんな場合でも、大人も子どもも同じです。自分が話せるタイミングが来るまでは、聞く側は待ってあげるしかありません。そして、子どもが話したくなったタイミングで、気持ちを代弁してあげられるといいですね。子どもの感情語がある程度増えて、自分の言葉で気持ちを伝えられるようになるまでは、気持ちの代弁はどんなときでも大事にしてあげてほしいと思っています。

最後に「言いたくなったらいつでも聞くよ」と伝えることで、話しやすい状態を作っておきます。せっかく話したのに怒られた、という失敗体験にならないよう注意し、まずは話してくれたことに「ありがとう」と伝えるのがおすすめです。

GOODな声かけ

18 先生に言うよ！

こんな声かけしていませんか？

他人を巻き込まず、自分の言葉で怒ってみよう

子どもは保護者が知らないところで結構がんばっています。私は保育士をしていたので、保護者に子どもの様子を伝えることも多くありましたが、「○○が一人でできましたよ」と伝えると「本当に？　家では何もしないんですよ〜」と驚く方がいました。家では甘えたり、頼ったりしている子どもも、園や学校などでは自立して生活していたりするものです。

保護者の言うことにはふてくされたりすねたり、反抗したりするのに、先生が言うことは素直に聞き入れたりする場面を見て「先生ってすごい！」と思ったことはありませんか。そんな経験から「子どもは先生の言うことは聞く」と無意識に思い込んでしまうことがあります。このママ（パパ）の場合も、子どもの反抗的な態度に思わず口を出た一言かもしれません。

でも「先生に言うよ！」は、脅し文句です。目の前で起こっている問題は、ママ（パパ）と子どもの問題です。ママ（パパ）自身が解決したいと思って怒ったのなら、最後まで責任をもって怒ってください。関係ない人を巻き込んではいけません。他にも「パパ（ママ）に言うよ！」「鬼さんに言うよ！」なども同じです。幼児期には言うことを聞いても、他人効果（先生効果・パパ効果・鬼効果など）を当てにした怒り方を続けていると、子どもが成長していく中でママ（パパ）の言うことに耳を貸さなくなる日が来るでしょう。

そうならないためにも、自分の責任で、自分の言葉で怒りましょう。怒ることは悪いことではありません。上手に怒れば、怒っていいんです。

怒るときはルールを決めて怒る

アンガーマネジメントでは、「人を傷つけない・自分を傷つけない・物を壊さない」というルールを守って怒ることが大切です。これは大人だけでなく、日本アンガーマネジメント協会のアンガーマネジメントキッズプログラムでも子どもたちに教えている大切な約束です。幼少期から親子で取り組んでほしい約束です。人に対して手を上げるなどの暴力行為はもちろん、言葉の暴力もＮＧです。「どうせ自分なんか」と自分を責めるのもＮＧです。ドアをバタンと閉めたり、食器をガチャンと置いたり、物を投げたりするのもＮＧです。

このルールを守りながら怒っていれば、子どもを傷つけることも、子ども自身が自分を傷つけることも、物を投げて怒りを爆発させることもなくなります。もしかしたら、「そんなの無理」「理想論！」と思うかもしれません。確かにこれは、理想の状態です。でも、そうなりたいと思っていれば、行動は変わってきます。ちなみに私は超短気人間で、子どもに怒ってばかりいた母親なので、この約束を守ることにかなりの努力が必要でした(笑)。

でも、長男が小学3年生、次男が4歳児クラスの頃から、失敗を繰り返しながらコツコツ続けてきたことで、「思春期の子育てに困らなかった！」というのが、何よりの成果だと思っています。2人の息子とよい関係を築けているのは、アンガーマネジメントのおかげです。やるかやらないかで、今後の子育ては大きく違ってきますよ。■

GOODな声かけ

えいっ
えいっ
ポン
ポン
キャッ
キャッ
そんなことしちゃダメって保育園でも言われてるんじゃないの？
もー また…
言われてないもん！
わかった。でも、ママは人に向かって物を投げるのは絶対にダメだと思うよ

19 無視

こんな対応していませんか？

無視され続けると、子どもはどうなる？

子どもの「ちょっと」攻撃に困ったことはありませんか？「きて！　きて！」と言うから行ってみたら、たいした用事ではないこともあるでしょう。そんなことが続いてしまうと、「ちょっときて」と言われただけで「面倒だな」と思ってしまうのも仕方がないのかもしれません。

でも、大人にとっては「そんなに言うほど？」と思うことでも、子どもにはすごく大切かもしれません。そこを確認せずに「ちょっときて」＝「面倒くさい」と、相手にしないかかわりを続けてしまうと、そのうち子どもが「親と話す」＝「面倒くさい」と思うようになりかねません。そんなの悲しすぎますよね。

無視は、子どもの存在を否定するものです。無視され続けた子どもは、周りの空気を読み、保護者の顔色をうかがい、ビクビクした子どもになってしまいます。そうならないためにも、無視は絶対にやめましょう！　無視し続けても子どもはしつこく言い続けるでしょうから、イライラはどんどん増幅します。怒りを膨張させないためには、忙しくても、疲れていても、面倒くさくても、何らかのリアクションは必要です。

相手への頼み方のコツ

そこでおすすめしたいのが「今すぐは無理だけど、～たら～できるよ」という伝え方です。例えば「今は洗い物をしていて手がアワアワだから、きれいに洗い終わったら行けるよ」「今は大事な電話中だから、お話が終わったらできるよ」「すごくお腹が痛いから、トイレに行ったあとならいいよ」という感じです。具体的に伝えれば、子どもはイメージしやすくなるので、待てるようになります。用事が終わったら、必ず子どものところに行くことを忘れないようにしてくださいね。待っていたら必ずママ（パパ）は来てくれるという経験ができれば、子どもは安心して待つことができます。

でも、子育てはママ（パパ）だけががんばるものではありません。パートナーや両親、育児サポートサービスなどを利用するのも「あり」です。子育てに追いつめられないように対策をとることや、誰かに「助けて」と伝えることは、自分と子どもを守るためにとても大切です。

パートナーがいるのなら、「私は今とても疲れているの。もし、パパが子どもと1時間ほど公園で遊んできてくれたらゆっくりできると思う。お願いできる？」と伝えてみてください。アンガーマネジメントでは、会話の語尾をリクエストで終わらせることをおすすめしています。「私は疲れてるんだから、休みくらいパパが公園に連れて行ってよ！」と言われるより、リクエストで頼まれたほうが「仕方ないな〜。じゃ、行ってくるよ」となりやすいです。「なんで頼まなきゃならないの？」「やってくれて当然でしょ」と思うかもしれませんが、頼んだほうが成功する確率は上がります。

パートナーに限らず、頼る相手は誰でも構いません。自分と子どものために、周りの頼れる人やサービスを探しておくと、ほんの少し気持ちが楽になるはずですよ。■

GOODな対応

ねえ、ママ～！
えっとね、あのね、
ちょっときて
ああ
忙しい…
何の用事か
先に教えて
くれるかな～
お絵描き
見てよ～
野菜を洗い終わったら
行くよ～
うん、
わかったよ！
おえかき
ちょう

20

怒られたいの!?

こんな声かけしていませんか？

理由をきちんと伝えよう

第二子が生まれることで、赤ちゃん返りをする子は多くみられます。これまではママ（パパ）を独り占めできたのに、ある日突然、ママ（パパ）は下の子にかかりきりになるのだから、嫉妬心が燃え上がるのも当然です。お兄ちゃん、お姉ちゃんになる嬉しさ半分、赤ちゃんを羨ましく思う気持ち半分といったところかもしれません。

特に授乳はママ（パパ）と赤ちゃんの二人だけの世界なので、上の子はその特別感を妬ましく感じるのかもしれません。事例のおしっこ宣言は、ママ（パパ）を怒らせたいのではなく、ママ（パパ）の気をひきたい一心の行動とも考えられます。ママ（パパ）に怒られたいと思っている子なんていません。誰も怒られたくないですよね。

この場合、授乳を始めて途中で止められないのであれば、「今は行ってあげられない」と伝えてかまいません。おっぱいの前に確認しているわけですから、たとえおしっこを漏らしても仕方がないとあきらめてください。お姉ちゃんの嫉妬心からくる場合もあると理解したうえで、「大丈夫って言ったけど、行きたくなったんだね。でも、次からは漏らさないように、おっぱいの前には絶対に一緒におしっこに行っておこうね」と、目を見ながら向き合って話をしましょう。

この話を真剣にしておかないと、いつまでたってもママ（パパ）の気をひく行動が続いてしまいます。「おっぱいが始まったら何を言っても無理」「でもおっぱいの前後なら大丈夫」と根気強く伝えていきましょう。同時に、お姉ちゃんにもママ（パパ）と2人の特別な世界を作ってあげられるといいですね。抱っこしてあげたり、ひざに座らせて絵本を読んだりなど、自分のことを大事にしてくれる感覚を味わえると、子どもは安心します。

ネガティブをポジティブにとらえ直そう

アンガーマネジメントでは、リフレーミングの視点で物事を考えることをおすすめしています。ネガティブな面ではなくポジティブに注目する物の見方です。「なんで私を怒らせるようなことばかりするのかしら?」と考えるより「こんな行動をとって気をひきたいと思うほど、私のことが大好きなんだな~」と考えたほうが、子どもがいとおしくなりませんか?

他にも「わがままを言う→自己主張ができるようになった」「頑固→意志が強い」「生意気→自立心がある」など、ネガティブに思われがちな姿もとらえ方次第で「結構いいじゃん!」と思えるのではないでしょうか。

複数の子どもの子育てをしていると、全員に平等の時間を使えるわけではありませんよね。小さい子にかける時間が長くなるのは仕方ないことです。だからこそ、すきま時間を見つけて、上の子どもが「特別感」を味わえる回数を増やしてほしいです。上の子どもの満足度が上がれば、きっとママ(パパ)の一番のサポーターになってくれるはずですよ。■

GOODな声かけ

お姉ちゃん、
おしっこ大丈夫？
ママ、これから
おっぱいするよ
大丈夫
やっぱり
おしっこ出る～
え～困ったなぁ。
今おっぱいしてるから行って
あげられないの。ごめんね
……
おっぱいが終わったら、
すぐにお姉ちゃんの
ところに行くからね

第3章

声かけを変えると〇〇が変わる

1 乳幼児期、否定せずに育てる

自己肯定感の高い子どもと低い子ども

「自己肯定感」って言葉を聞いたことがある人は多いのかなと思います。自己肯定感とは、自分が自分の存在を認めていて、ありのままの自分でいいと思える心の状態をいいます。

この自己肯定感が高いとか低いって誰が決める基準なのかというと、その答えは基本的には自分です。当然といえば当然ですが、自己を肯定できるのは、その感情の持ち主である本人（自分）だからです。私たち大人は、自己肯定感についてある程度「自分は…」と自己判断できますよね。では子どもは？　というと、子どもが自己肯定感を認識し始めるのは、3～4歳頃からといわれています。ですが、子ども自身は「自分は自己肯定感が高い（低い）」という認識の仕方ができません。幼児期は、これまでかかわってきた大人の言動（かかわり方）の影響を受けて、自己肯定感の高低に違いが出ます。それによって無意識に考え方や言動に違いがみられ始めるので、大人が子どもの姿を見て「この子の自己肯定感は高い（低い）」と判断するようになります。

保育者として20年間子どもと向き合ってきた視点でいうと、自己肯定感の高い子どもは、のびのびと毎日を過ごしているイメージの子が多かったかなと思います。「嫌なことは嫌」と伝えられたり、失敗してもまた「がんばってみる！」と言えたり、「自分はこれができる！　これはできない！」と正直だったり、「へー、そうなんだ」と友だちの意見を受け入れたりしながら、できる自分もできない自分もオープンに表現できるような子どもです。別に完璧じゃなくても全然OK！みたいな(笑)。

子どもの話を真剣に聞いてる？

じゃ、どうやったらこんな子どもに育つのか？　それは、周りの大人が、「そうか、そうか」「それ、いいね」「そんなふうに思った（考えた）んだね」と、子どもの話を真剣に聞いて受け入れてあげることです。「あ〜、自分は大事にされる存在なんだ」と感じられるようなかかわりをしてあげることです。そして「失敗することはダメ」ではなく「失敗は誰にでもあること」「失敗してもやり直せばいい」と伝えていくことです。

こうして、毎日のちょっとした努力やがんばりを見逃さず認めてもらいながら、「やった！」と感じられる成功体験を一つひとつ積み上げていくことで、自己肯定感は育まれていきます。

でもね、こういうかかわりをするのって、大人側に気持ちに余裕がないと難しいですよね。だから私は、アンガーマネジメントが必要だって思うんです。イライラした自分をほんの少し手放して、ほんのちょっと言い方を変えることができれば、「ママ（パパ）は、あなたのことが大好きなんだよ」って気持ちが子どもの心に届くはずだから。

国立青少年教育振興機構が令和5年6月、「高校生の進路と職業意識に関する調査報告書－日本・米国・中国・韓国の比較－」を公表しました。この調査の質問に、自分自身について問う「自分はダメな人間だと思うことがある」という項目があります。「とてもそう思う」「まあそう思う」と答えた日本の高校生は78・6％で、アメリカ（60・5％）・中国（51・4％）・

韓国（48・8％）よりも高く、「自分にはどのような能力・適性があるか知っている」では、アメリカ（75・3％）・中国（72・2％）・韓国（63・1％）に対して、日本の高校生は56・1％と一番低い結果だったようです。

一生懸命育てたわが子が、将来「自分はダメな人間だと思うことがある」と感じる高校生活を送るのかもしれないって考えると、これって何だか切ないなって思うんです。だからね、乳幼児期から否定されずに受け入れてもらうこと、「あなたはダメじゃないよ」「ありのままでいい、かけがえのない存在なんだよ」って、自己肯定感（幼児には言葉の意味はわからないかもしれないけど、その感覚）を体感させてあげながら育てていくことって、やっぱりすごく大事なんだなと改めて感じました。■

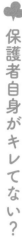

2 キレない子どもを育てる方法

保護者自身がキレてない？

子育てでは、子どもの成長にあわせて保護者のかかわり方を柔軟に変えていけるといいですね。その時期に合ったほどよい距離感でいることも大切です。

例えば、乳幼児期にはしっかりと愛着関係を築けるよう、家庭での（本書でもお伝えしてきた）ていねいなかかわりが必要です。学童期は、家庭から学校へと世界が広がり、保護者以外から多くの影響を受けるようになります。自立していく子どもを見守りながらも、いつでも助け船を出せる体制で、つかず離れずのかかわりが必要です。青年期は、徐々に子離れ親離れも見据える時期です。一歩引いた位置で子どもの価値観を受け入れながら見守り、頼れる存在としてどーんと構えておくことが必要かなと思っています。

とはいえ、「こんな理想の子育てができる人っているの？」って、正直思ったりします。そうありたいとは思いますが、保護者だって人間なんだから感情的になったりすることがあるんですよね。子どもと必死で向き合いながら、自分の感情と子育ての間で葛藤しながらがんばっている人はたくさんいるはずです。

しかし、がんばって子育てしていても、がんばり損になっていることがあるかもしれません。がんばり損になりがちなタイプとしては、一生懸命な人、がんばり屋さん、完璧でありたい人などがその傾向にあります。「べき」が多かったり「マイナスな感情」を抱えやすかったりするので、怒りっぽくなってしまうのです。もちろん、アンガーマネジメントで上手に怒れるなら何も問題ありませんが、いわゆる「キレる」ような怒り方をすると子どもに悪影響を及ぼすことがあります。

激昂（激高）するようなキレ方をして、子どもを怒りでねじ伏せる体験をさせ続けていると、子どもは「キレれば人は言うことを聞く」と思い込む可能性があります。これは、アンガーマネジメントの立場では間違った考え方です。園で、学校で、キレればキレるほど、人との関係に傷がついてしまいます。自分の気持ちが伝わることもないし、どうしてほしいのかという欲求も伝わりません。だから、キレても何の解決にもならないのです。これは大人も同じです。せっかくがんばって子育てしていても、キレるだけではがんばり損です。よいことは1つもありません。「怒れば、キレれば、何とかなる」は大きな誤解だということを知っておきましょう。

キレない自分を育てるためには？

子どもが成人するまでが子育て期間とすれば、約20年間、子どもとどうかかわり、どう過ごすかで親子の関係性は随分変わります。第2章でお伝えしたような声かけをヒントにしながら怒ることができれば、子どもの「キレる」を誘発せずにすむでしょう。子どもも学童期、青年期と成長する中で、人格を否定されない保護者からの言葉かけから学ぶことも多いはずです。親子の会話で心地よいコミュニケーション方法のヒントを学んでくれるはずです。

キレない子どもを育てるために、まず、キレない自分を育てていきましょう。一生懸命、がんばり屋さん、完璧でありたい……毎日イライラしている人にぜひ試してもらいたいのが「ハッピーログ」「サクセスログ」です。「ログ」は、記録という意味です。「子育てだけでも大変なのに記録!?」と考えると、ちょっと面倒に感じるかもしれませんね。でもね、毎日でなくていいし、たくさん書かなくてもいいんです。わざわざノートを買わなくても、スマートフォンのメモ機能やアプリを使って「いいことメモ」くらいの気持ちで始めてみませんか?

例えば、子育てで「くすっ」と笑えて楽しかったこと、子どもを上手に怒れて「やった!」と嬉しかったこと、〇〇をがんばっている子どもを見て「すごい!」と感動したこと、いつもより怒らずにすんで「よし!」と満足したことなど、成功したり幸せだったことを「いいことメモ」にちょこっと書いてみるんです。それをときどき見返すと、怒ってばかりの自分じゃないことに気づけるはずです。

「できない自分」ではなく「できている自分」に目を向けて、自分のことをちゃんとほめてあげましょう。「完璧じゃなくていいんだよ」「十分がんばってるよ」と、自分が自分の味方になってあげてくださいね。

3 保護者のストレスを減らす方法は？

未だ根強い「子育て＝母親」という思い込み

最近は「母親が育児をするのは当たり前」という時代ではなくなりました。男性の育児休業等取得率も年々上がってきているようです。子育てに対する社会的なとらえ方はどんどんよい方向に向かっていることは事実かもしれませんが、多くの家庭では母親の負担が大きいことに変わりはないのかなと思っています。

時代が変わり社会が変わっても、「子育ては母親がするもの」という無意識な思い込みは人の心に根強く残っている気がします。それは、母親以外の場合もあるし、母親本人が無意識に思い込んでいることもあります。私は、子どものことは夫婦で協力してするものだと思っていますし、そうしたいと思っています。でも実際は、自分がプライベートで出かけるときには、「子どものごはんは作っておかないと」「子どもの習い事の送迎は、事前に誰かに頼んでおかないと」「あまり遅くなったら同居の母に何か言われそう」とか、いろんな思考が巡り巡っています。頭の中では「何で自分ばっかりこんなに気を使わないといけないんだろう」と不満に思っていたりするのです。

そこまで気を使わなくてもいいと思っているのに、私の中の無意識が勝手に考えてしまうんですよね。「あ～しんどい」と、本当に思います。そんなことってありませんか？

表● ストレスログの考え方

	コントロールできる (自分で変えられる・変えたいと思う)	コントロールできない (自分で変えられない)
重要	A ●今までと違う方法でやってみよう！ ・今までと同じ方法ではうまくいかないなら、別の方法で試してみる 例）いつまでだったらOK？ どの程度まで変わればOK？ 具体的に何を変える？ それを伝える方法は？	B ●変えられないことはあきらめよう！ ・変えられないと思うならイライラしても仕方がない 例）現状を受け入れるしかない イライラしない方法を探す 他にできることを探す
そうでもない	C ●今じゃなくて、暇なときにやろう！ ・それほど重要でもなくて、簡単に変えられることは時間と心に余裕のあるときにやればいい ・重要ではないことにストレスを感じる必要はないと知っておく	D ●どうでもいいことは放っておこう！ ・重要ではないことにストレスを感じる必要はない！ ・気にする必要はまったくなし！

ストレスを可視化してみよう

以前の私は、そのしんどさをイライラに変えることしかできなかったのですが、今は違います(笑)。アンガーマネジメントに出会えて、割り切って考えることができるようになりました。それは、「変えられないものは変えられない」「変えられることを変えればいい」という考え方にシフトチェンジできたからです。

アンガーマネジメントには「ストレスログ」というエクササイズがあります。第2章でも少し話しましたが、ここで詳しく紹介します。「ストレスログ」は、自分が抱えているストレスを書き出して客観的に眺めてみることです。そうすることで、解決の糸口を見つけたり、自分の行動を決めたりできるようになります。客観的にみるためのポイントは2つ。「1つ目は、自分でコントロールできるか、できないか」「2つ目は、自分にとってすごく重要か、それほどでもないか」です。どの場所に入れるかで、自分に何ができるかが見えてくるはずです（表）。

例えば、第2章で紹介した「友だちがこいでいるブランコの前を横切った」子どもにストレス（イライラ）を感じたとします。その場面がストレスログのA～Dのどこに当てはまるかを考えます。

Aに入れるなら、第2章の「ダメなものはダメ！」（40頁）で紹介したように、次からはどうしたらいいのかを具体的な言葉で伝えてあげるようなイメージです。

Bに入れるなら、「ブランコの前を横切ることがやめられない子どもなんだ」と現状を受け入れるしかありません。でも、ケガをさせるわけにはいかないので、次からはブランコがない公園を選ぶ、公園ではなく他の場所に連れて行くなど、別の方法を探すのもありですね。変えられないことにイライラし続けるより、変えられないと潔くあきらめて、別の方法を探すほうがストレスを早めに手放せます。

Cに入れるなら、たいして重要でもないことは、暇なときにやればいいんです。毎日時間に追われてがんばっているうえに、どうでもいいことにわざわざ時間を割いて取り組む必要はありません。

Dに入れるなら、ストレスを感じる必要はまったくないってこと。放置でOK。

イラッとしたり、ムカッとしたりすることだけじゃなくて、不満だったり不安だったりすることがストレスになることもあります。そんなときは、その出来事をストレスログに入れてみてください。それだけでも怒り方は変わってくるし、気持ちが楽になることもありますよ。■

4 怒って後悔したときの挽回方法は？

率先して「ごめんね」「ありがとう」を言おう

子育て講演会で話した後の質問タイムで、「子どもにごめんなさいを言わせるにはどうしたらいいですか？」と聞かれることがあります。「ごめんなさい」とか「ありがとう」を素直に言える子どもになってほしいと思っている保護者は結構いますね。一番手っ取り早い方法は、保護者が率先して「ごめんね」「ありがとう」と日常的に言うことかなと思います。

第2章の「ごめんなさい、は？」（48頁）でも書きましたが、「謝る」は自分が悪かったと思い、相手に許しを願う行為です。だから、無理やり言わせても意味はありません。それに、自分が「悪かったな～」と思っていないことに対して謝ることを強要されることほど屈辱的なことはありません(笑)。そのうえ、仕方なく謝っただけなのに「やっぱり悪いと思ってるんじゃない！　だったら最初から素直に謝りなさい！」なんて言われてしまうと「次は絶対謝るもんか！」「謝ることは負けること」とネガティブな体験として刷り込まれてしまいます。これでは、謝らせることのハードルがどんどん上がってしまいます。

保護者が日常的に、素直に謝ることをしていれば、子どもは「ママやパパも間違ったり失敗したりすることがあるんだぁ」「ママやパパも、間違ったら謝ってくれるんだぁ」と感じられるようになります。

例えば、子どもに頼まれていたことを忘れてしまったとき、「ママは忙しいんだから仕方ないでしょ！」と言うのか、「ごめん！　忙しすぎて忘れてた。今からするね」と言うのか。子どもの大事なものを落としてしまったとき、「こんなところに置かないでよ！」と言うのか、「ごめん！　当たって落としちゃった。ここにあると落ちることもあるから、引き出しにしまっておいてね」と言うのか。こんなふうに比べてみると、わかりやすいですね。子どもは身近な大人の表現方法をまねします。家庭で上手に「ごめんね」が使われている環境ならば、子どもは園や学校で「ごめんね」を上手に使えるようになるでしょう。

理由を添えて、すぐに謝ろう

親子で「ごめんね」を上手に使えれば、子どもを怒りすぎてしまったときにも便利です(笑)。私は10年以上アンガーマネジメントに取り組んでいますが、することがたくさんあって忙しかったり、「嫌だな～」と思うようなことが続いたりしていると、怒りすぎてしまうことがあるんです。怒った後で「理不尽だったかも」「感情ぶつけちゃったかも」「今の怒り方はまずかったな」と思ったときは、「ごめん、言い過ぎた」「ごめん、言い方が悪かったよね」「ごめん、傷つける言い方をしてしまったね」と、すぐに謝ります。そして、「忙しくて気持ちに余裕がなかったの」「仕事で嫌なことがあってモヤモヤしてたの」と、その理由も伝えるようにしています。

今では、「ハッ」と我にかえったらすぐに謝れるようになりましたが、アンガーマネジメントを始めたばかりの頃はなかなかすぐには謝れなくて……。自分を少し落ち着かせてから、「さっきはごめんね」と謝っていました。子どもは、ママ（パパ）が謝ってくれると安心します。ママ（パパ）が怒っていると、子どもはずっと緊張していなければなりません。だから、後悔する怒り方をしてしまったときは、できるだけ早く謝ってあげましょう。それが、一番の挽回方法です。

子どもが「いいよ」と言ってくれたなら、「ありがとう」とお礼を言えるといいですね。「ごめんね」と「ありがとう」が言い合える家族って素敵だなぁと思いませんか？「許してくれてありがとう」「手伝ってくれてありがとう」「教えてくれてありがとう」「聞いてくれてありがとう」「生まれてきてくれてありがとう」「元気に育ってくれてありがとう」。「ありがとう」も「ごめんね」も、相手を思って伝える言葉です。相手を思いやる言葉を使えれば、コミュニケーション上手な子どもに育ちます。家族間のコミュニケーションのとり方が、家族以外の人とのコミュニケーションにも影響します。子どもを変えたいと思ったら、まずは自分が変わってみると、子どもにも変化がみられるようになるはずですよ。■

5 「子育てが楽しい」と思える方法は？

自分に応援メッセージを送ろう

楽しい子育てがしたいと誰もが思っているけれど、毎日が幸せいっぱい！　なんて人は少ないないんじゃないかなと思っています。ワンオペ育児、発達障害児の子育て、片親家庭、共働き家庭、同居家庭、専業主婦家庭などさまざまな家庭がありますが、どんな子育て家庭でも大なり小なりネガティブな感情を抱えながら子育てをしています。

外では平気そうな顔をしていても、家に帰ればつらくなったり悲しくなったり、困ったり悩んだりする気持ちに耐えられなくて子どもに感情をぶつけてしまったという経験がある人もいるかもしれません。気持ちが落ちてしまうと、ネガティブな感情に引っ張られがちです。でも、きっとこれまでには楽しいことも嬉しいこともあったはずです。イライラした気持ちで毎日を過ごしていると見落としがちになるので、自分からイライラを手放して、毎日の小さなハッピーを見つける努力をしてみませんか？

アンガーマネジメントのエクササイズに「ポジティブセルフトーク」があります。第2章の「ちゃんと言わないとわからないよ」（96頁）でも紹介しましたね。「ポジティブセルフトーク」は、うまくいかないことに不安を感じたり、つらくなってストレスを抱えてしまいがちなとき、自分に応援メッセージを送って元気づけたり勇気づける方法です。

ポイントは、ポジティブな言葉を使うことです。ネガティブに引っ張られがちな自分を引き戻してあげるための言葉です。「ポジティブセルフトーク」に使う言葉は、前もって考えておくといいですよ。例えば、「よくがんばってるよ、私」「昨日よりうまくいったよね」「思ったよりできてるよね」「ホントは子どもが大好きなんだから」「怒りすぎたけど、すぐに謝れた私はえらい」「今日はいっぱい笑えたよ」などです。ネガティブな自分ではなくポジティブな自分に注目してみることで、肩の力が抜けて気持ちが楽になることもあります。完璧じゃなくていい、できないことがあってもいい、失敗したっていい、それでもがんばろうとしている自分をほめてあげましょう。

「できた！」を言葉にして子どもに伝えよう

ハッピーを見つける努力で使ってほしいもう一つの方法は、第2章の「怒られたいの!?」(108頁)で紹介した「リフレーミング」です。私は子育て講演会で、「足し算子育て」のお話をさせてもらうことがあります。毎日の小さな「できた！」を言葉にして子どもに伝えていく子育て方法です。

「おしっこ、おまるでできたね」「ニンジンさんを食べられたね」「パンツに足が通せたね」と、一つひとつ「できたね」って言ってあげるんです。大人からしたら「そんなのできて当たり前」でも、子どもにとっては日々進化（成長）なのだから！（笑）

「足し算子育て」の反対は「引き算子育て」です。あれもできてない、これもできてない、と、できないことをたくさん言葉にしている子育てです。成長過程にあるはずなのに、引いてばかりじゃ退化しちゃう……。親子でつらくなってしまいます。でもね、そんな見方を「足し算子育て」に変えてくれるのが「リフレーミング」です。

「リフレーミング」は、物事や状況の見方を別の視点からとらえ直す方法です。これまでネガティブにとらえていた子どもの行動をポジティブにとらえ直してみるイメージです。例えば「うちの子、落ち着きないわ～」なら「うちの子、好奇心旺盛だわ～」、「うちの子、しゃべりすぎ」なら「うちの子、表現力豊かだわ」、「うちの子、言うこと聞かんわ」なら「うちの子、自分の意思が強いんだわ」と、言葉にしてみてください。難しいかもしれないけど、これはトレーニングと思ってもらえるといいかな、と思います。心と頭のトレーニング（笑）。

少しずつ練習すれば、だんだん「リフレーミング」が上手になって「足し算子育て」ができるようになります。「足し算子育て」ができるようになると日常の小さなハッピーが見つけやすくなって、子育てが楽しいと思える瞬間が増えていきます。10年以上トレーニングを続けている私が保証します（笑）。無理のない程度に、少しずつ続けてくださいね。■

おわりに

世の中には、たくさんの子育て本があります。

その中で、本書を手にとっていただき、本当にありがとうございます。

私は岡山市在住ですが、研修講師を始めたころから「いつか本を出す!」って決めていたんです。でも、それを人に話すと、「え〜、マジで!」「すごいな」と言いつつも、ちょっと引かれる感じでね。「そんなん無理じゃろ〜（岡山弁）」って、雰囲気が駄々もれしていました。でもね、「やる!」「できる!」と決めて行動し続けていたら、本当に実現したんですよね。

地方在住ですが、本作で、（他社さんからの本も合わせて）6冊目の出版になります。10年前に、「無理じゃろ」と言われて「やっぱり地方にいるのに出版とか無理かな……」とあきらめていたら、今の私はなかったと思うんです。「できない」とあきらめるのはいつでもできるから、自分なりにがんばってみてからでもいいのかなって思っているんです。今は、アンガーマネジメントを続けてよかった。「できる!」と信じてやってきてよかったと思っています。

今、本書を手にとってくださっているあなたにお願いできるなら……。

アンガーマネジメントなんて「できない。無理」と諦める前に、「できそうなこと、やれそうなこと」を一度でいいから試してほしいと思っています。あきらめるのは、試してからでも遅くないです。本書が、イライラを手放す小さな一歩になってくれると嬉しいです。

最後になりましたが、『保育者のためのアンガーマネジメント入門』からお世話になり、今回で4冊目の執筆をサポートしてくださった中央法規出版第1編集部の平林敦史さん、素敵なイラストを描いてくださったみやい　くみさん、ありがとうございます！

アンガーマネジメントの指導をしてくださる日本アンガーマネジメント協会の戸田久実代表理事、いつもありがとうございます。

そして、いつも応援してくれる家族に心から感謝します。母ちゃん、これからもがんばるよ！

野村恵里

2024年4月

著者紹介

野村恵里（のむら・えり）

感情保育学研修所代表、旭川荘厚生専門学院児童福祉学科特任講師。日本アンガーマネジメント協会アンガーマネジメントコンサルタント®。

岡山生まれ、岡山育ちの元保育者。子育てと仕事の両立でイライラがつのる生活から脱出するため、アンガーマネジメントを学ぶ。現在は、アンガーマネジメントに救われた自身の体験をもとに、保育、子育て現場で日々子どもに向き合いがんばっている方にアンガーマネジメントをお届けする講師活動をしている。著書に『保育者のためのアンガーマネジメント入門　感情をコントロールする基本スキル23』（中央法規出版、２０１７年）、『保育者のための 子どもの「怒り」へのかかわり方　アンガーマネジメントのテクニック』（同、２０１８年）、『すぐに保育に使える！　子どもの感情表現を育てるあそび60』（同、２０２０年）、『もうイライラしない！　保育者のためのアンガーマネジメント』（チャイルド本社、２０２２年）、『とっさの怒りに負けない！　子育て』（すばる舎、２０２３年）などがある。

著者ホームページ

https://cxcs.jp/index.html

イライラを爆発させない！　パパ・ママが楽になる子どもの叱り方
子育てにいかすアンガーマネジメント

2024年6月10日　発行

著　者　野村恵里

発行者　荘村明彦
発行所　中央法規出版株式会社
〒110-0016　東京都台東区台東3-29-1　中央法規ビル
Tel 03（6387）3196
https://www.chuohoki.co.jp/

装丁・本文デザイン　澤田かおり（トシキ・ファーブル）
本文DTP　株式会社アレックス
イラスト　みやい　くみ
印刷・製本　株式会社ルナテック

定価はカバーに表示してあります。
ISBN978-4-8243-0075-1

本書の内容に関するご質問については、左記URLから「お問い合わせフォーム」にご入力いただきますようお願いいたします。
https://www.chuohoki.co.jp/contact/

A075